Dedicated to Jamie.

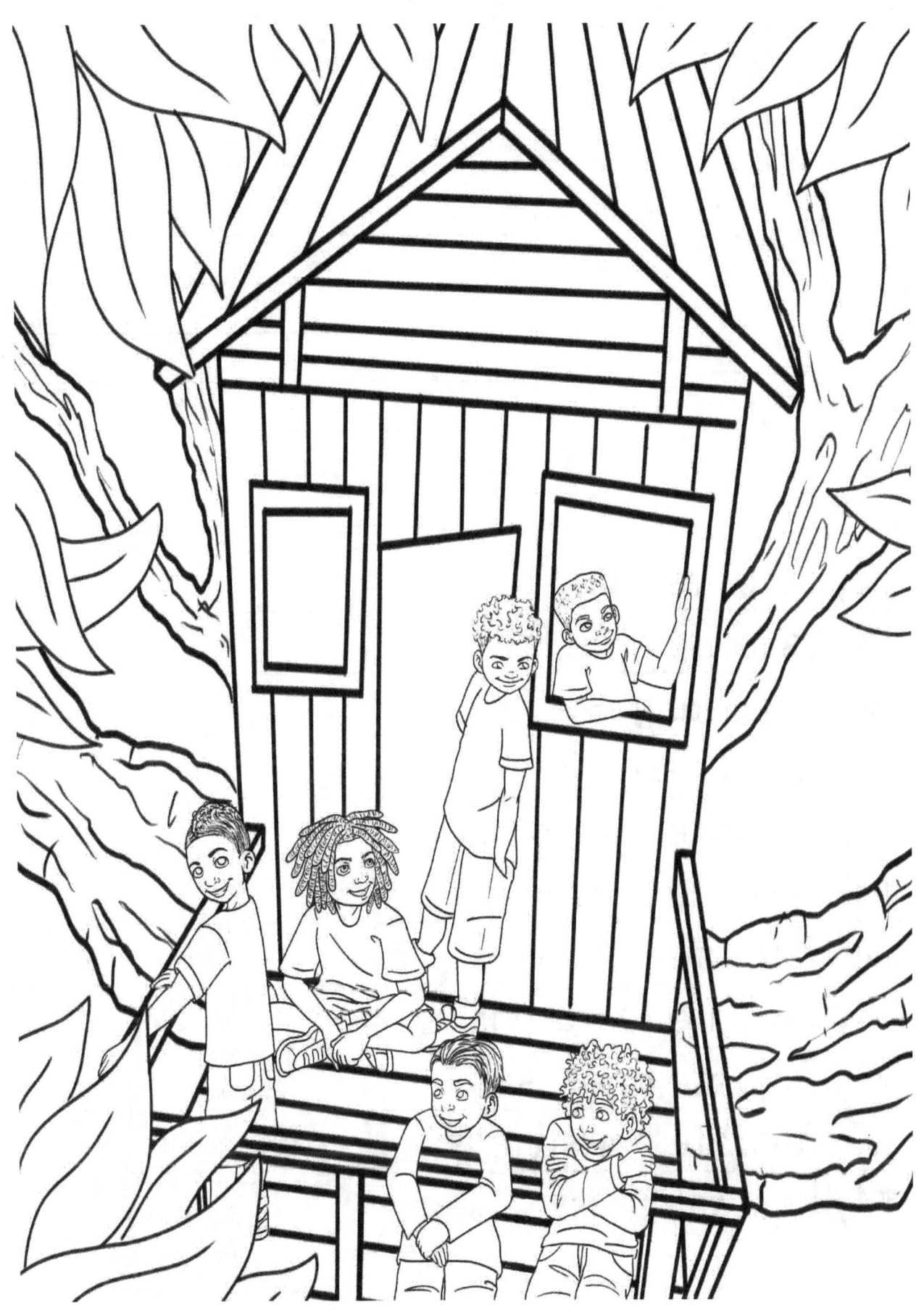

My Profile Page

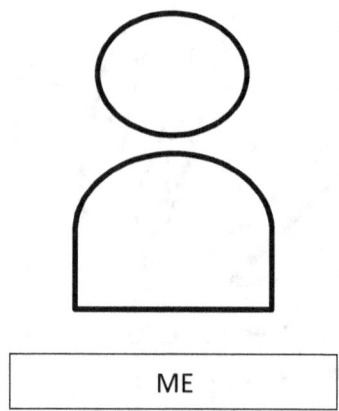

ME

About me

_____

_____

_____

_____

_____

My favorite color is: _____

My favorite food is: _____

My favorite game is: _____

My good friend is: _____

My favorite cartoon is: _____

My favorite season is: _____

My favorite holiday is: _____

My favorite feature is: _____

My favorite book is: _____

My favorite hairstyle is: _____

My best talent is: _____

There is only one me.

I am an individual.

I am...

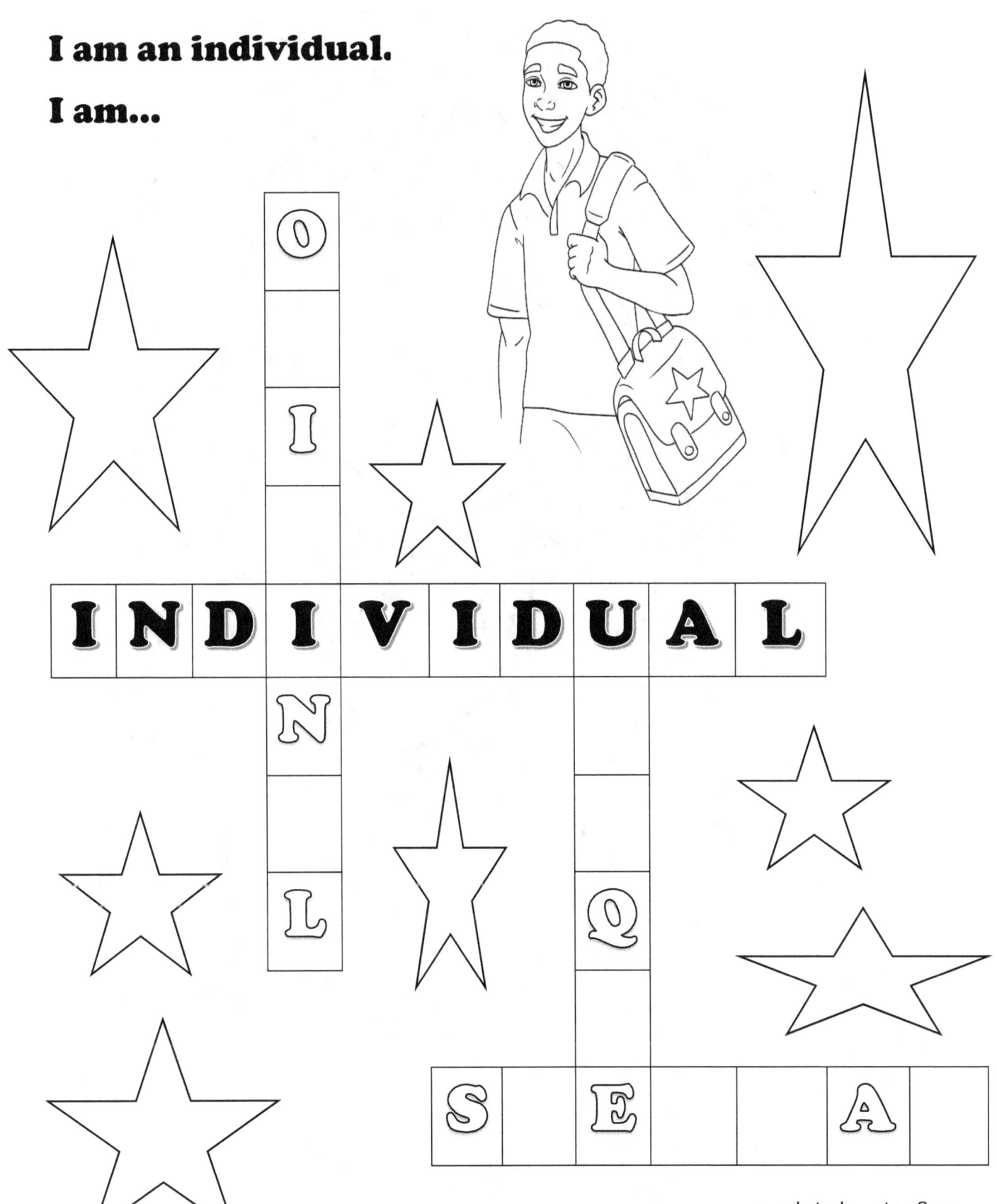

O
I
I N D I V I D U A L
N
L
Q
S E A

Original, Unique, Special

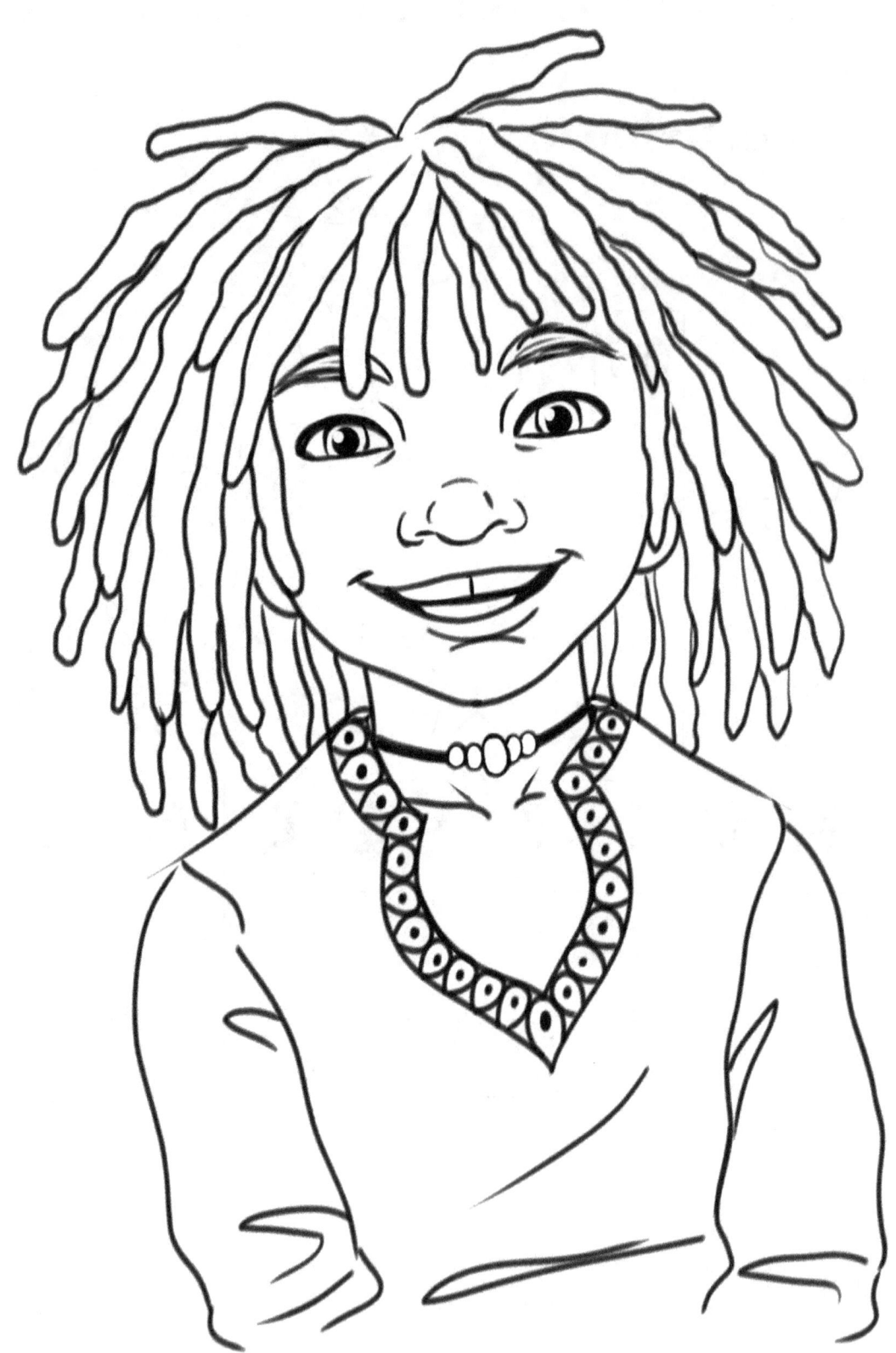

LET'S DRAW

Use the grid as a guide to help you draw the picture.

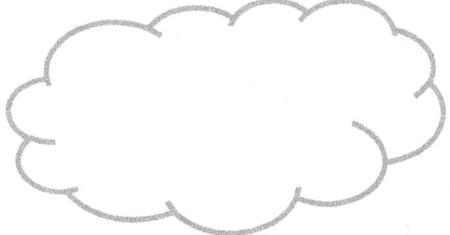

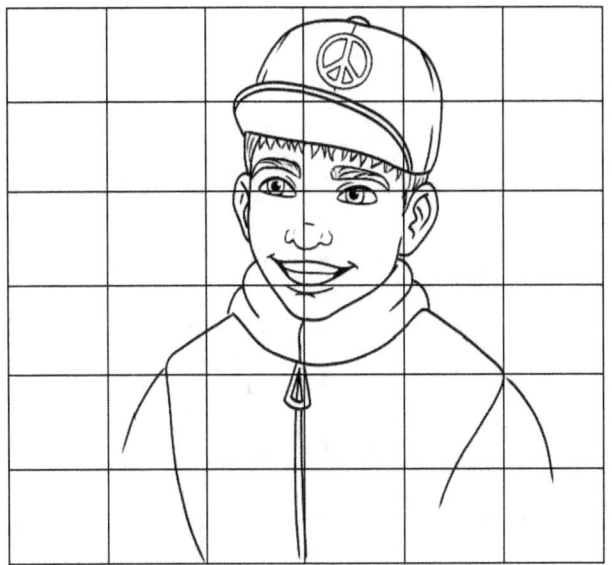

I LOVE ME SO MUCH

```
A I B V G N E A S M A R T C I S Z X J W
O H V P J C Z X W W R Q F O O Z Q L G J
H V B C A W E H Z J V P F L P E L S R H
A M O Z E J P H S F H U W O I G R S V T
N I V K Q F O X V L U T W R N I W V J Z
D M R Q F C E Z Z Y O C J F T F G S A V
S Y V M K E V V Z Y S B E U E T G N I I
O L H E R X D X P R L H V L L E J Y R S
M G E N T L E M A N Y W Y Y L D I S C I
E H A N D S O M E F Z U Z E I N U L O O
X K V C S A W E S O M E Z K G K X R N N
V M H V W Z C L U G Y W A U E T Y N F A
P X I X G U I G A Z I N U N N D B L I R
O E D I O G L O R I O U S D T C C D D Y
P O S I T I V E I M A G I N A T I V E G
W O R T H Y G A L L A N T G B F Y I N Y
C H I V A L R O U S V T I C A R P U T H
V Q A N L Q T A L E N T E D Z Q K U W T
L O V E U N I V A Q U J Z G Z R W I S E
H E A R T P M J S T M N L O H P Q G A U
```

Find words:

HANDSOME	COLORFUL	CONFIDENT	GLORIOUS	AWESOME
HEART	LOVE	POSITIVE	WISE	INTELLIGENT
SMART	GIFTED	VISIONARY	TALENTED	IMAGINATIVE
WORTHY	HANDSOME	GALLANT	CHIVALROUS	GENTLEMAN

MAZE TIME

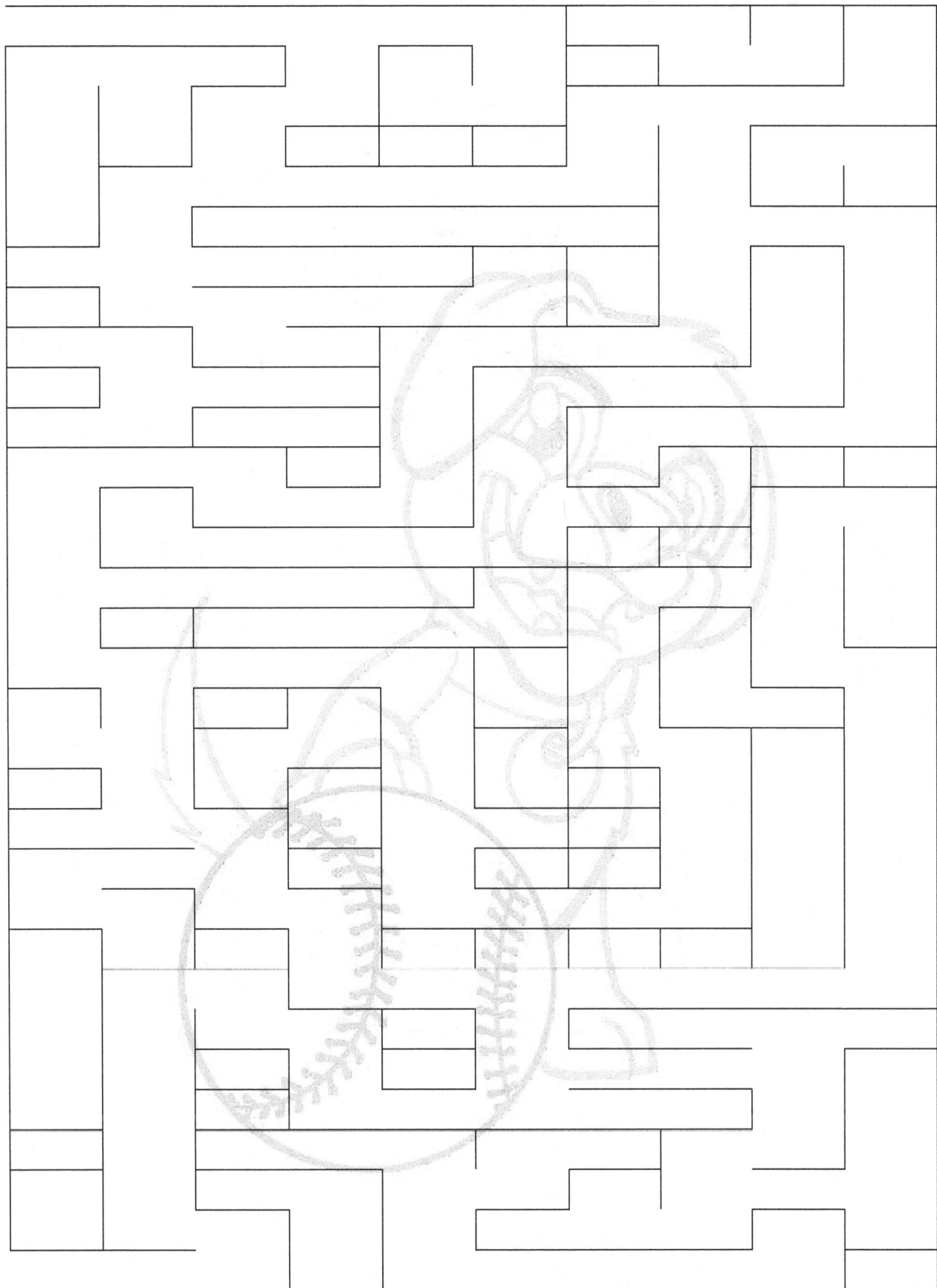

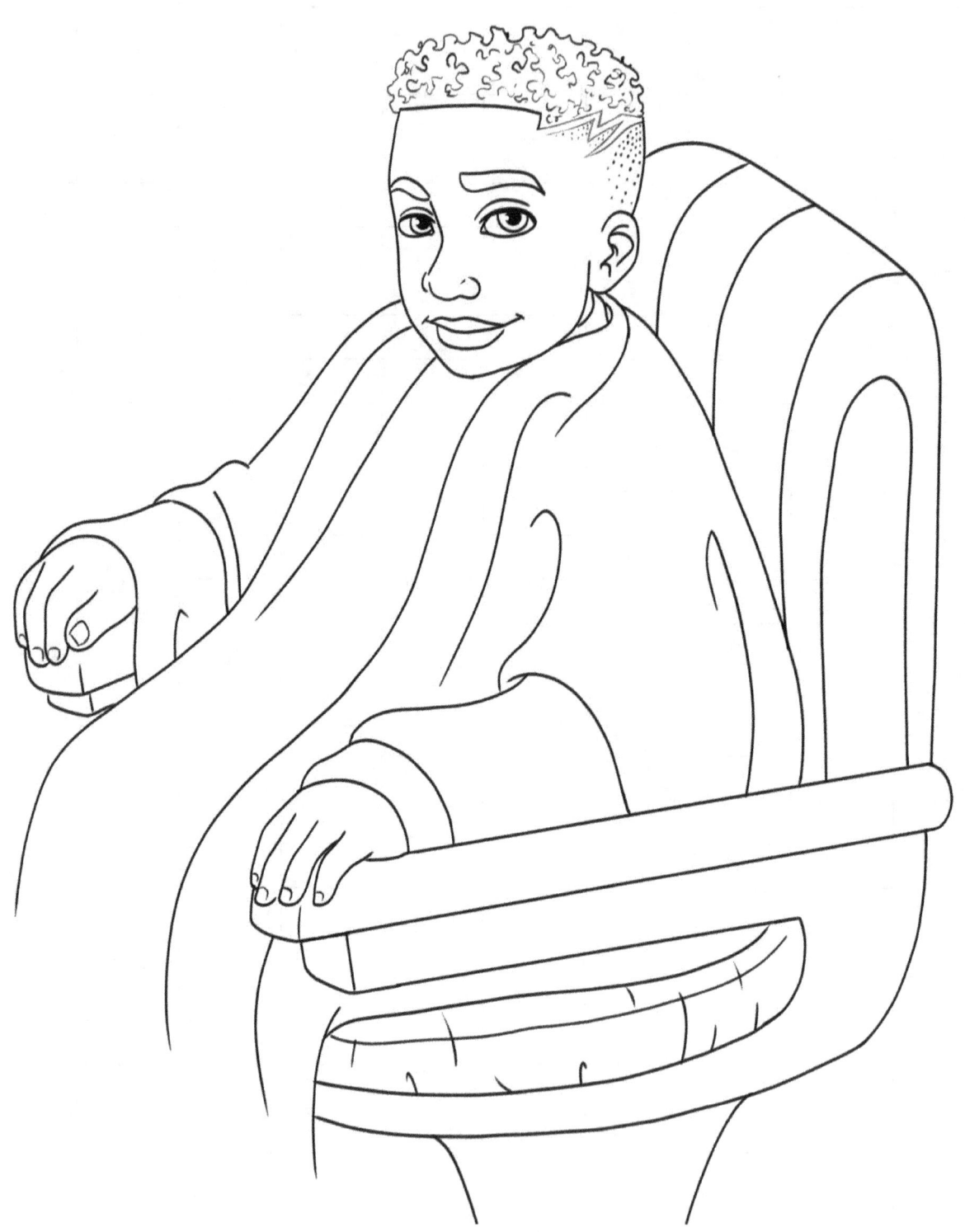

I KNOW WHO I AM

What do you do when you feel:

Happy _____

Sad _____

Strong _____

Afraid _____

Brave _____

Angry _____

Grateful _____

Jealous _____

Peaceful _____

LET'S DRAW

Use the grid as a guide to help you draw the picture.

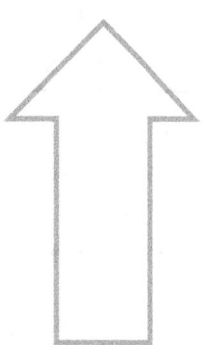

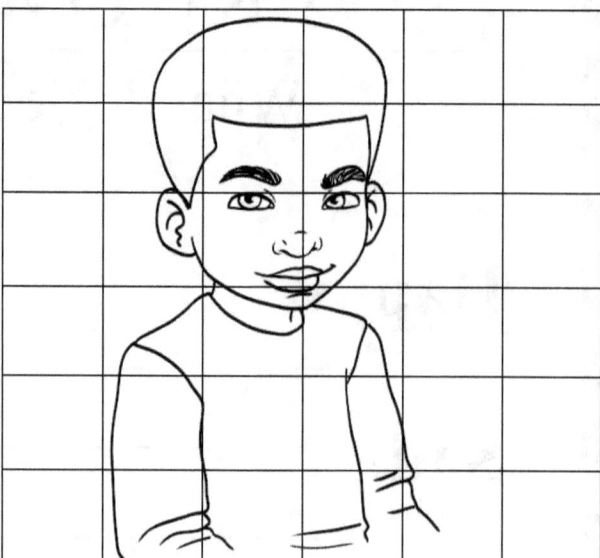

DanaClarkColors.com
Short Story

Use the following words in a short story:

Goals   Team   Dream
Strong   Smart   Love
Inspire   Help   World

_____

_____

_____

_____

_____

_____

_____

_____

_____

_____

LET'S DRAW

Use the grid as a guide to help you draw the picture.

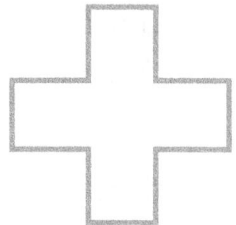

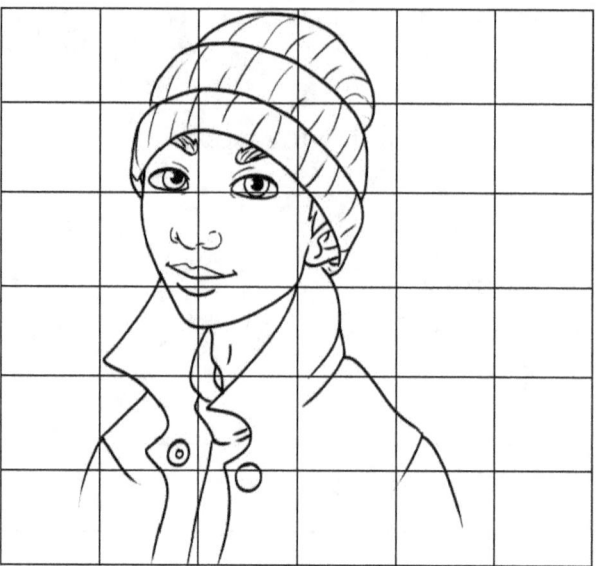

✦ WORD SCRAMBLE ✦

1. niefctndo   _____

2. teniinletgl   _____

3. teanedlt   _____

4. oeuocgsuar   _____

5. hheylat   _____

6. seaicasontpom _____

Word List

✦ Healthy   ✦ Confident   ✦ Intelligent

✦ Compassionate ✦ Courageous   ✦ Talented

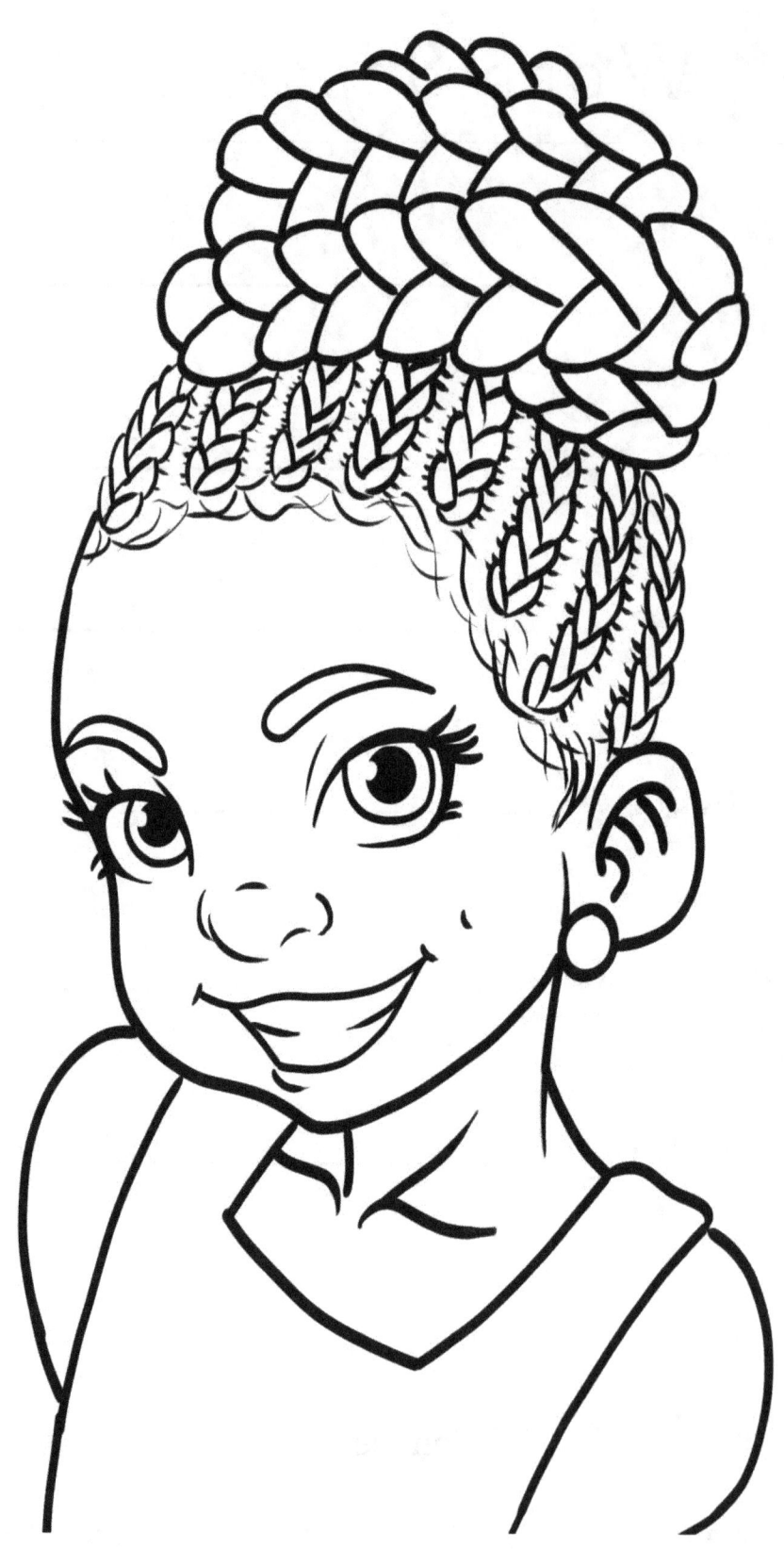

A Bright Future

When I grow up

I want to create

_____

_____

I want to travel to

_____

_____

I want to discover

_____

_____

I want to explore

_____

_____

I want to have an expertise in

_____

_____

I want to teach

_____

_____

I want to meet

_____

_____

I want to give

_____

_____

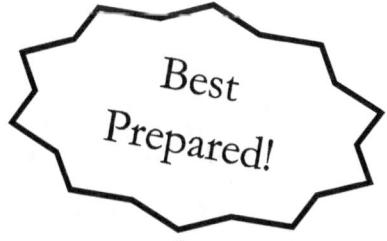

Best Prepared!

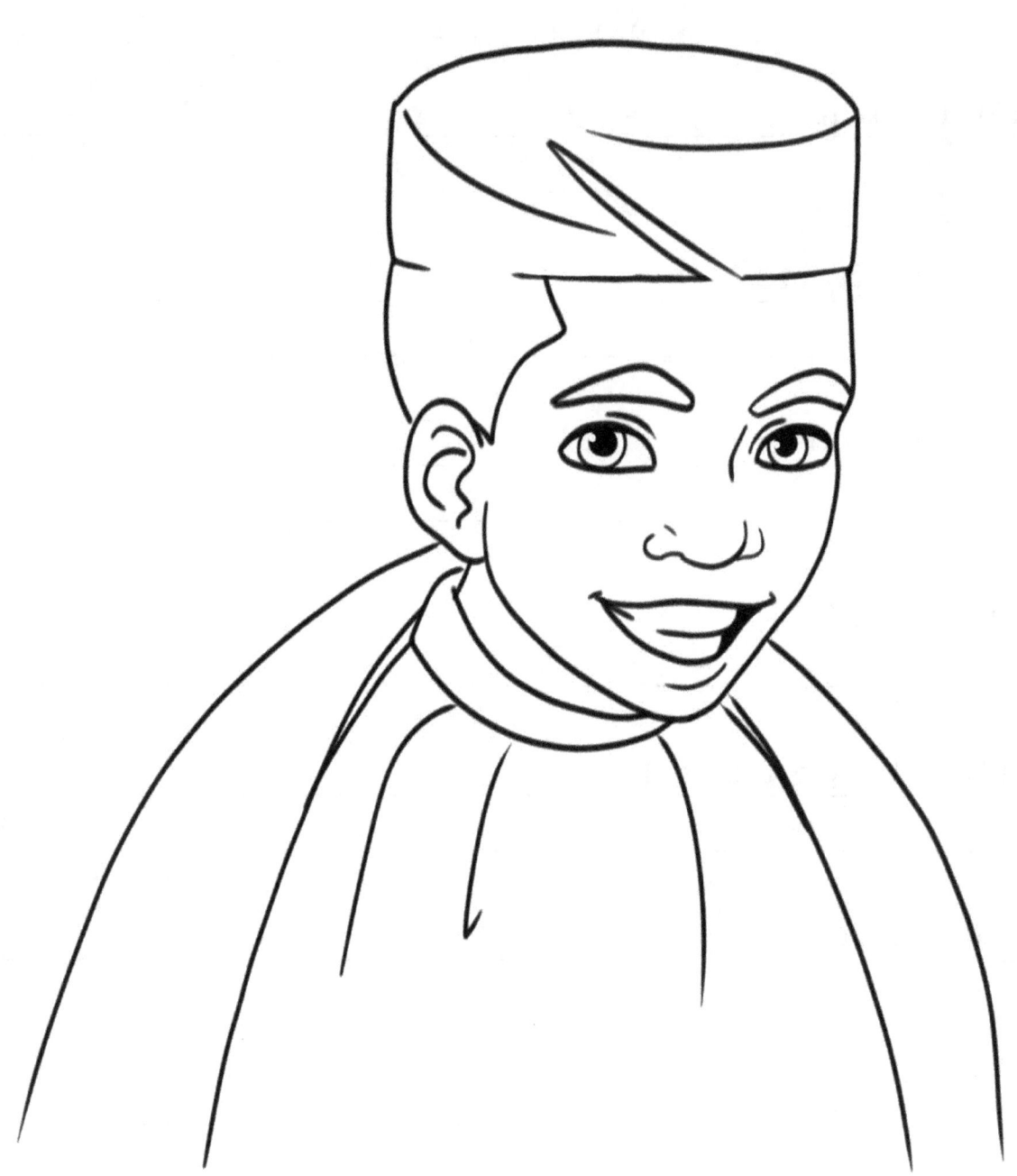

Dana Clark Colors

```
T  J  M  V  A  S  O  C  I  N  J  L  P  B  L  U  E  Z  K  M
R  V  V  R  M  Y  O  M  Q  L  Y  W  B  L  A  C  K  D  J  V
G  B  E  I  F  L  E  U  O  D  Y  S  Q  W  E  N  R  A  T  L
O  Q  N  L  G  S  H  R  M  J  A  J  N  V  E  F  N  T  U  J
L  V  P  L  K  O  M  P  G  H  W  O  S  N  X  L  C  I  R  E
D  E  Q  I  N  D  I  G  O  T  Y  W  D  A  C  A  U  Q  Q  X
O  C  K  C  C  O  F  M  L  K  J  N  I  R  I  P  O  T  U  I
Y  M  G  R  E  E  N  A  I  C  Y  A  N  O  H  F  A  U  O  J
R  T  Z  Y  V  D  I  H  L  I  A  C  T  G  I  I  D  T  I  Q
H  C  Y  E  U  X  D  O  A  T  P  R  O  B  R  O  W  N  S  D
W  L  L  D  H  N  Q  G  C  D  B  P  E  I  G  T  H  D  E  L
N  Y  S  Z  B  H  J  A  Z  I  X  D  I  L  M  K  D  W  A  E
F  B  D  I  Y  A  B  N  R  L  P  M  R  X  O  H  J  K  K  N
T  A  A  R  G  U  X  Y  F  Z  M  D  Z  M  J  D  C  Z  N  O
P  V  V  Y  B  U  R  G  U  N  D  Y  W  V  V  E  H  K  J  R
I  I  M  Q  I  S  Q  J  M  M  G  P  H  Z  N  I  J  Y  I  A
N  O  X  T  Z  M  A  G  E  N  T  A  I  J  N  Q  J  C  K  N
K  L  K  E  O  P  U  R  P  L  E  B  T  M  P  X  N  S  X  G
S  E  N  A  Y  E  L  L  O  W  N  R  E  K  J  I  K  Y  C  E
I  T  J  L  A  V  E  N  D  E  R  J  S  N  J  M  B  H  J  D
```

Find Words:

ORANGE	PINK	BLACK	YELLOW
INDIGO	MAGENTA	TEAL	LILAC
GREEN	BROWN	BLUE	PURPLE
TURQUOISE	VIOLET	BURGUNDY	MAHOGANY
WHITE	GOLD	LAVENDER	CYAN

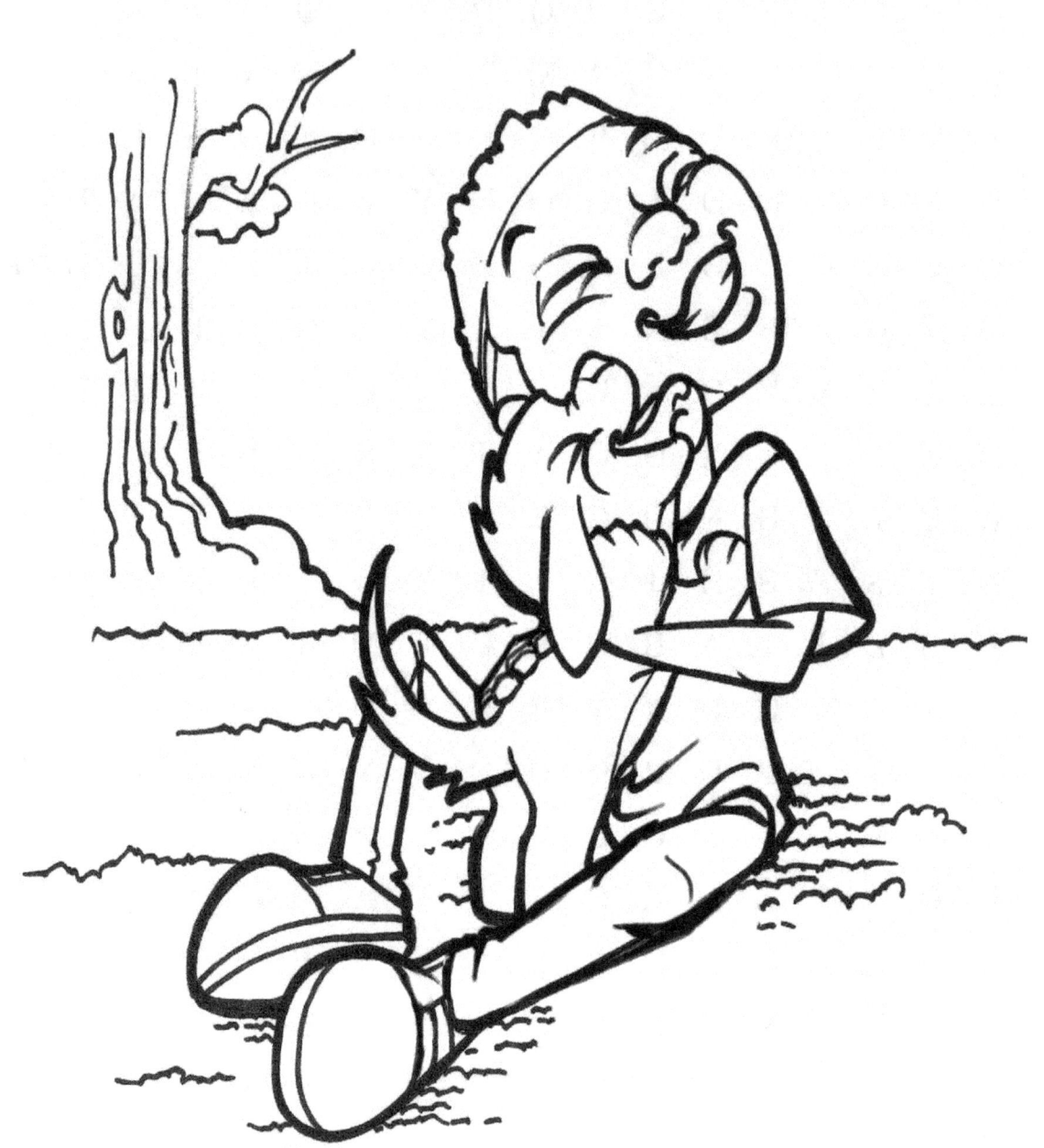

Missing Letters: Gentleness

_o__es

_u_nie_

C_i_ks

Pu_pi__

LET'S DRAW

Use the grid as a guide to help you draw the picture.

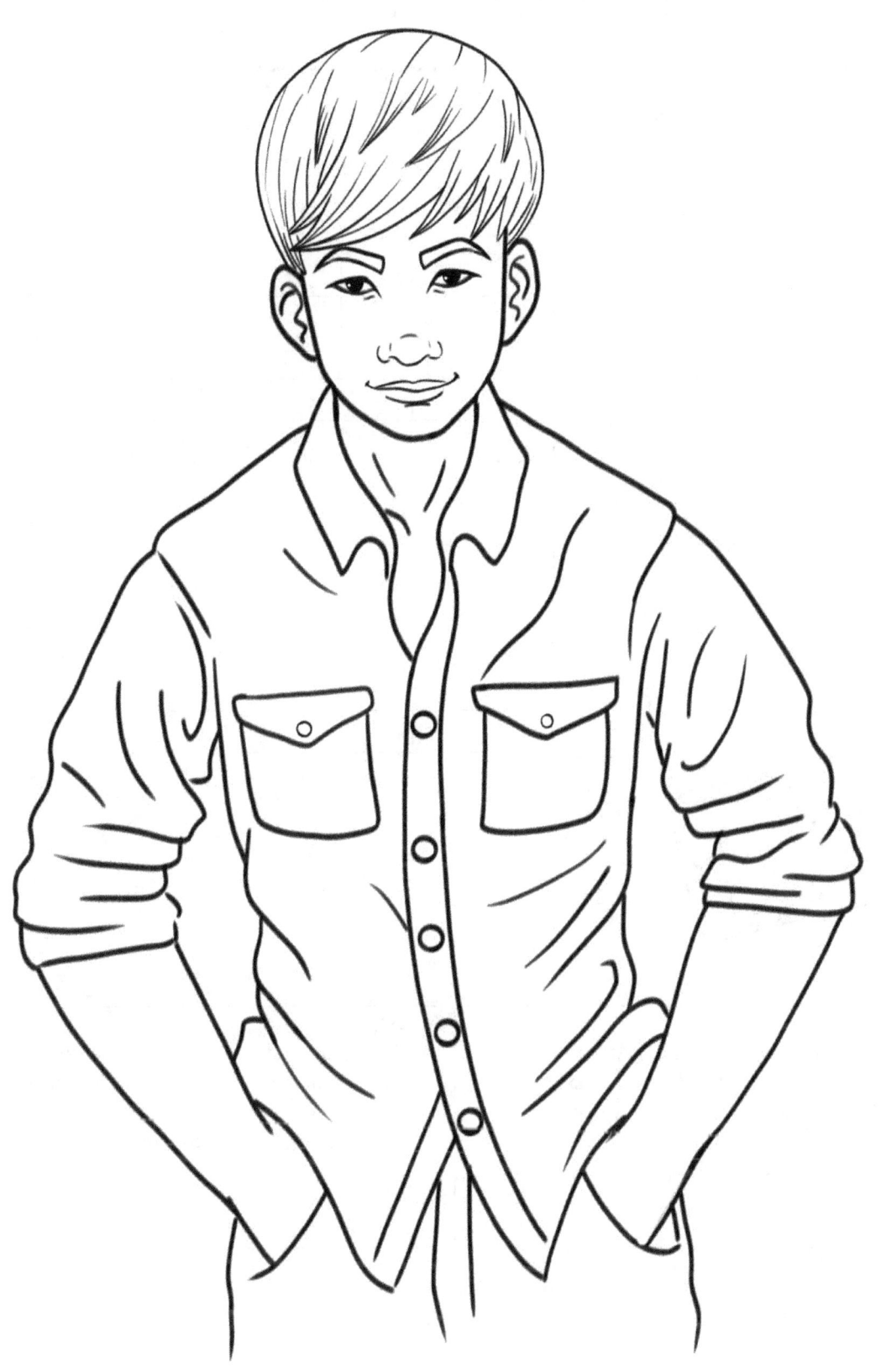

Future Bound

DanaClarkColors.com Crossword Puzzle

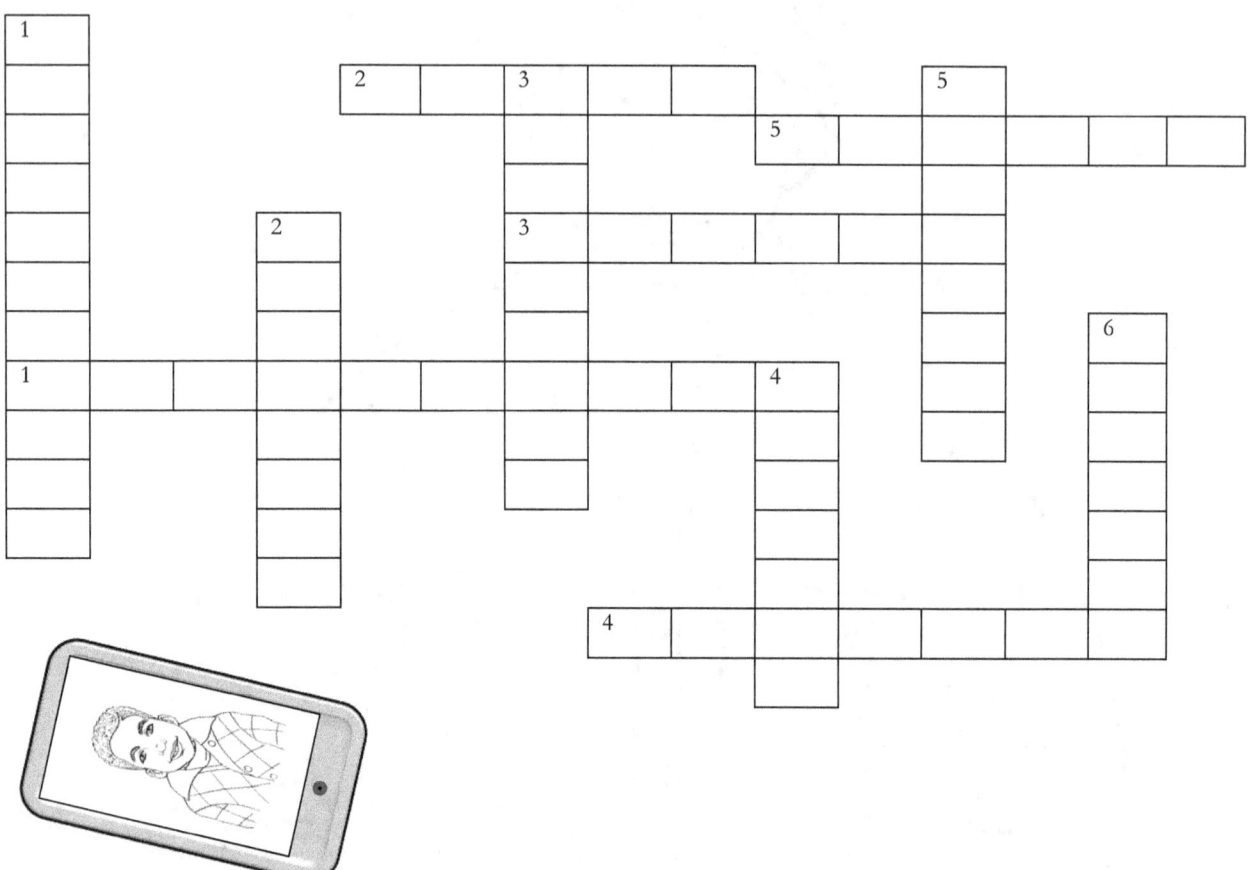

Down

1. To understand and be understood
2. Growing in my knowledge and skills
3. To be sure of myself and my choices
4. Achieving my goals
5. My unique gifts
6. Higher Learning

Across

1. To be brave in modeling my values
2. To concentrate on what is important to me
3. Past my current situation
4. To ignite creativity and bravery in another
5. To Serve as

DECODING

REVEAL THE CODE BY USING THE DECODER KEY.

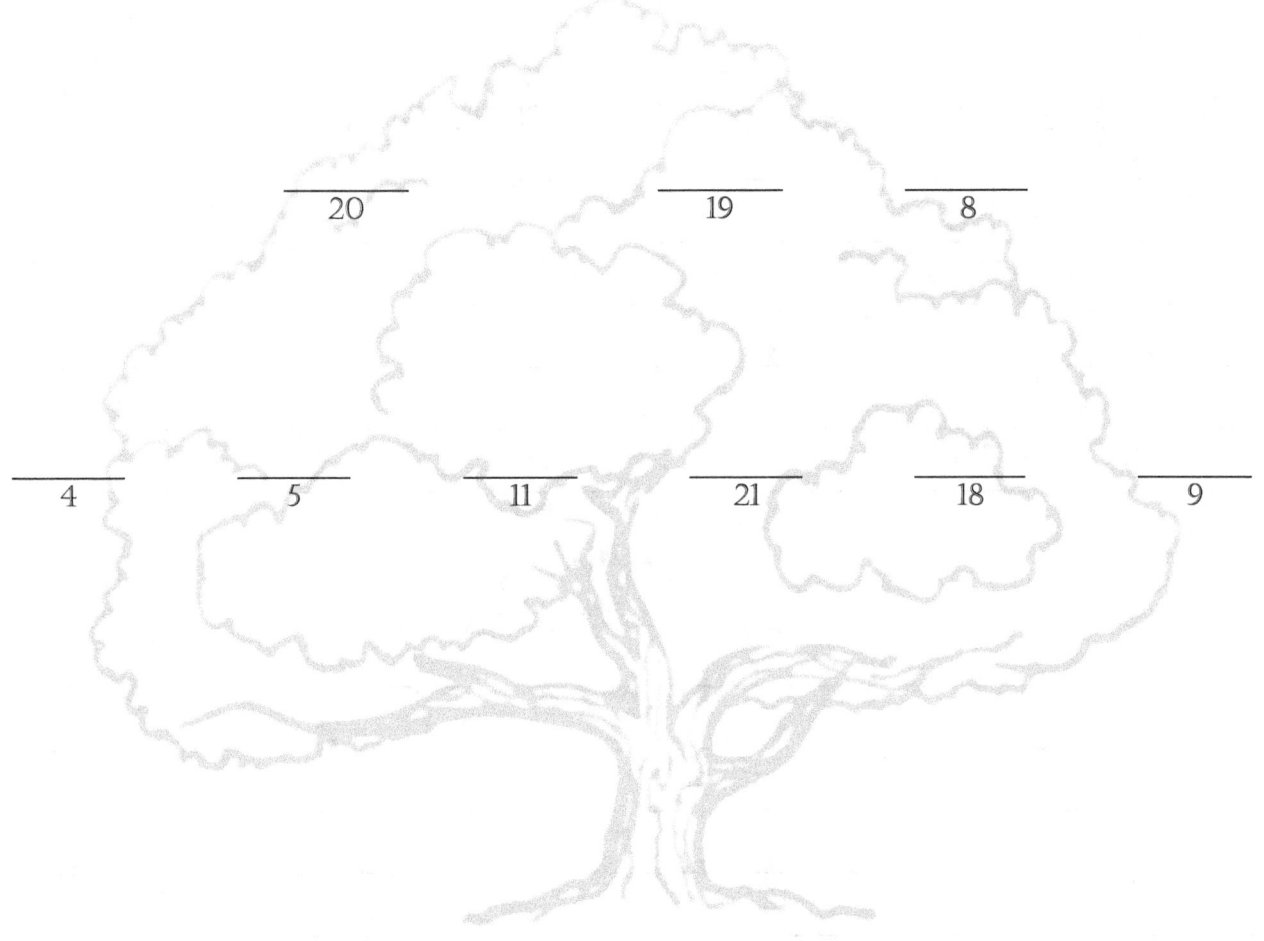

____ 20   ____ 19   ____ 8

____ 4   ____ 5   ____ 11   ____ 21   ____ 18   ____ 9

W	V	F	S	T	C	U	M	G	P	R	B	J
1	2	3	4	5	6	7	8	9	10	11	12	13

Z	Q	H	Y	N	A	I	O	E	L	X	D	K
14	15	16	17	18	19	20	21	22	23	24	25	26

I Am Strong

$pend $ave $hare

DanaClarkColors.com would like for you to think about money that you want to use for purchase now, for the future, and money that you would like to give to charity (tithing or a friend in need).

Spend: I will spend some of my money on

_____
_____
_____
_____
_____

Save: I will save some of my money for

_____
_____
_____
_____
_____

Share: I will share some of my money with

_____
_____
_____
_____
_____

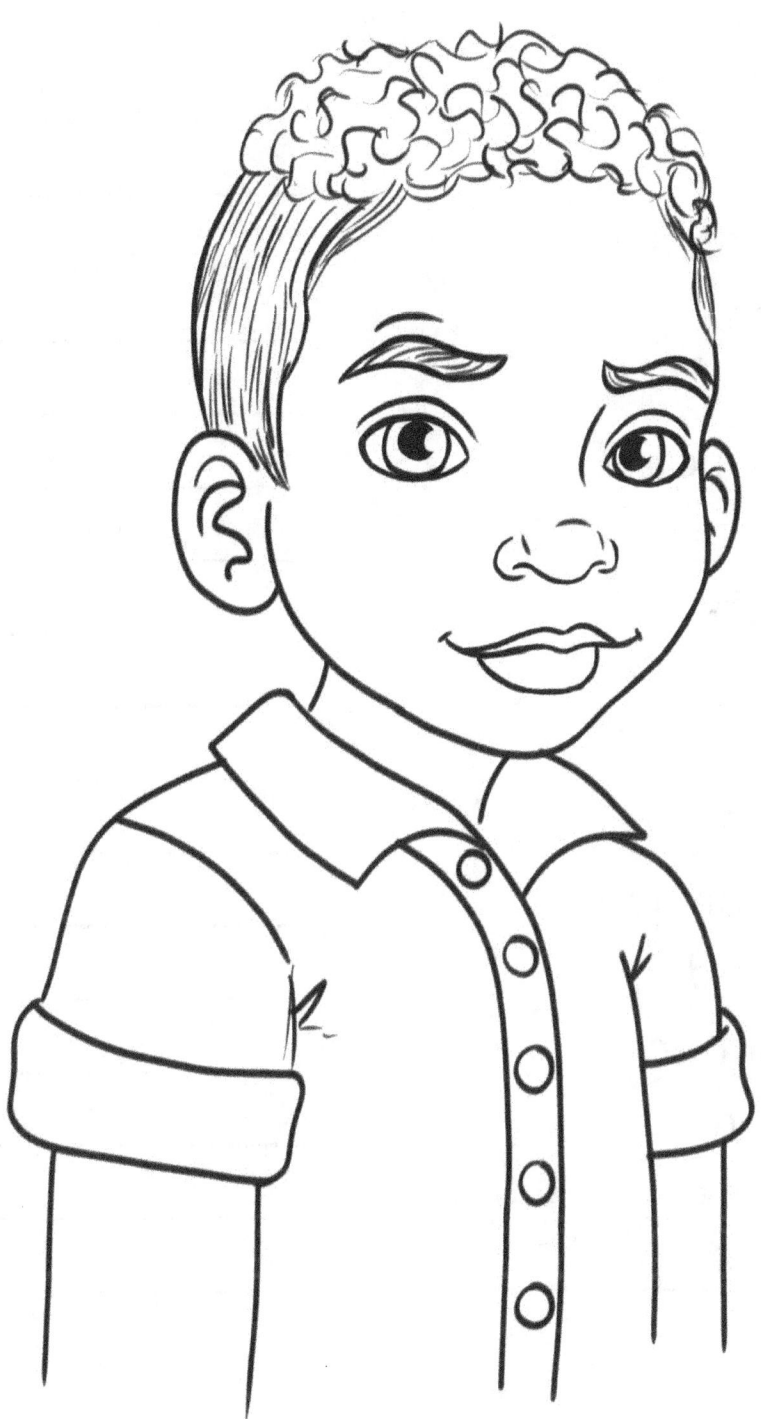

School Supply Shopping

Pencils

Erasers

Pencil sharpeners

Pencil case

Pens

Colored pencils

Crayons

Highlighters

USB drive

Binders

Paper

Composition book

Poster board

Hand Sanitizer

Hand lotion

Book Bag

_____

_____

_____

_____

_____

_____

_____

_____

_____

_____

_____

_____

_____

_____

_____

_____

_____

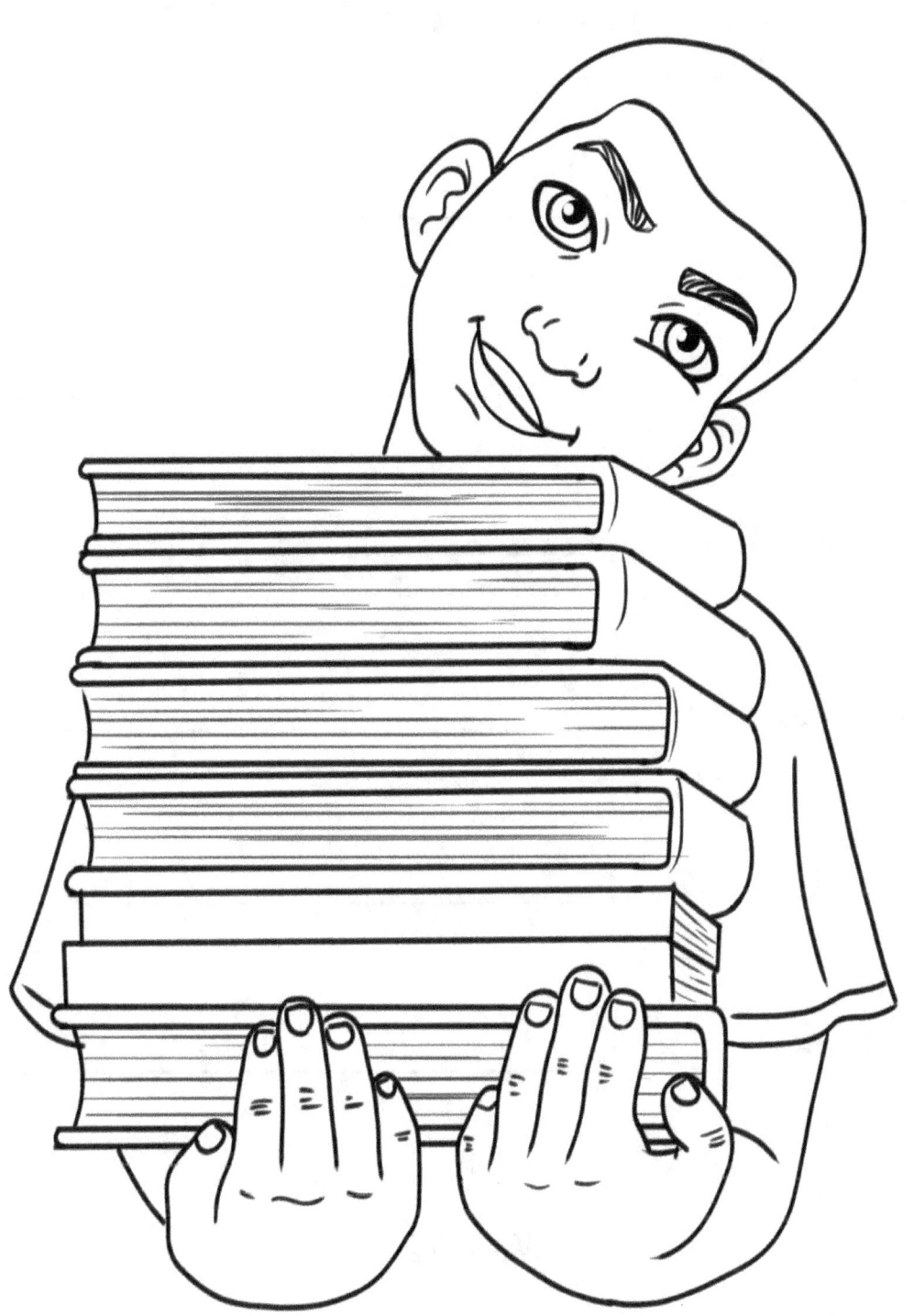

WORD SCRAMBLE

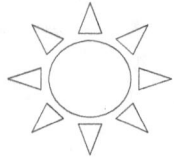 

1. ictpsiimot   _____

2. tgrtieniy   _____

3. diwaerngr   _____

4. ugnodcraee   _____

5. lieeebv   _____

6. uesvla   _____

Word List

⭐ Believe   ⭐ Values   ⭐ Integrity

⭐ Encouraged   ⭐ Optimistic   ⭐ Rewarding

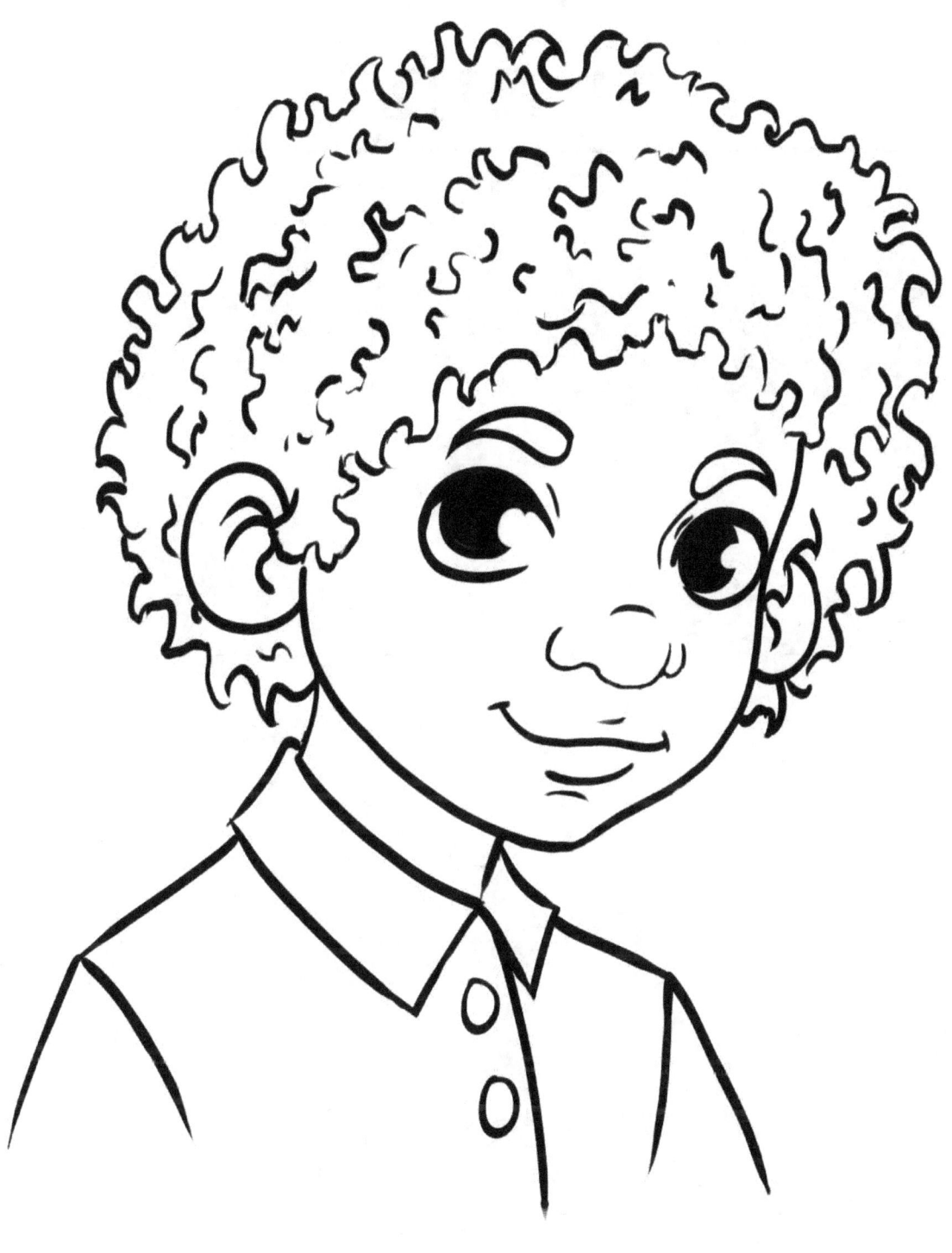

Missing Letters:
I am

A_az_n_

S_ec_a_u_ar

_on_e_fu_

_w_s_me

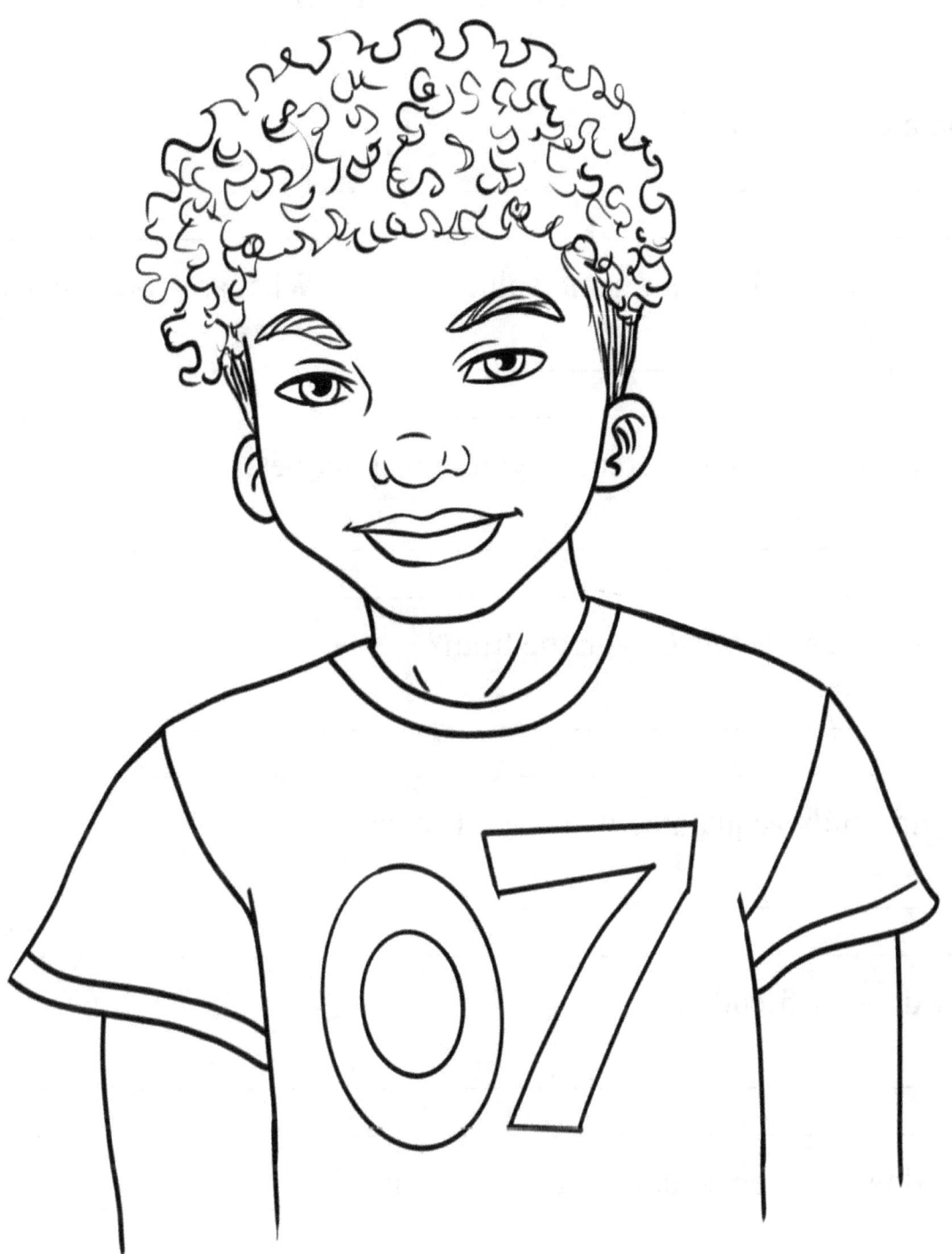

I KNOW WHO I AM

Write about your friends.

Who are your friends?

_____

_____

Do your friends have the same values as you? What are your values?

_____

_____

How do your friends encourage you to be your best?

_____

_____

How do your friends tell you the truth?

_____

_____

Is your family acquainted with your friends?

_____

_____

How do your friends listen to you?

_____

_____

How do your friends make you feel valuable?

_____

_____

How do your friends make you feel good about yourself?

_____

_____

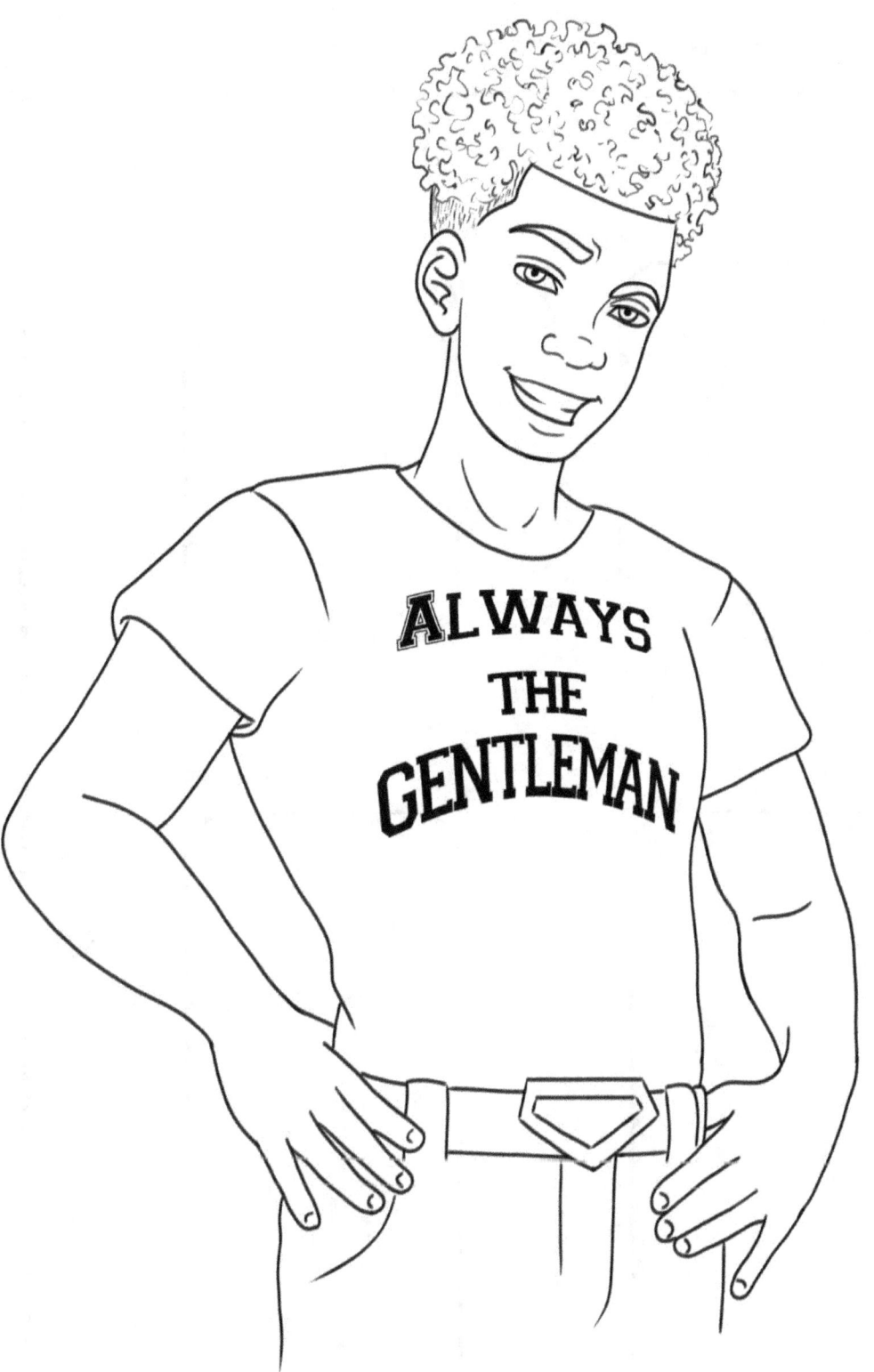

My BedRoom Door

Use your DanaClarkColors.com Spirit Stickers to design your bedroom door.

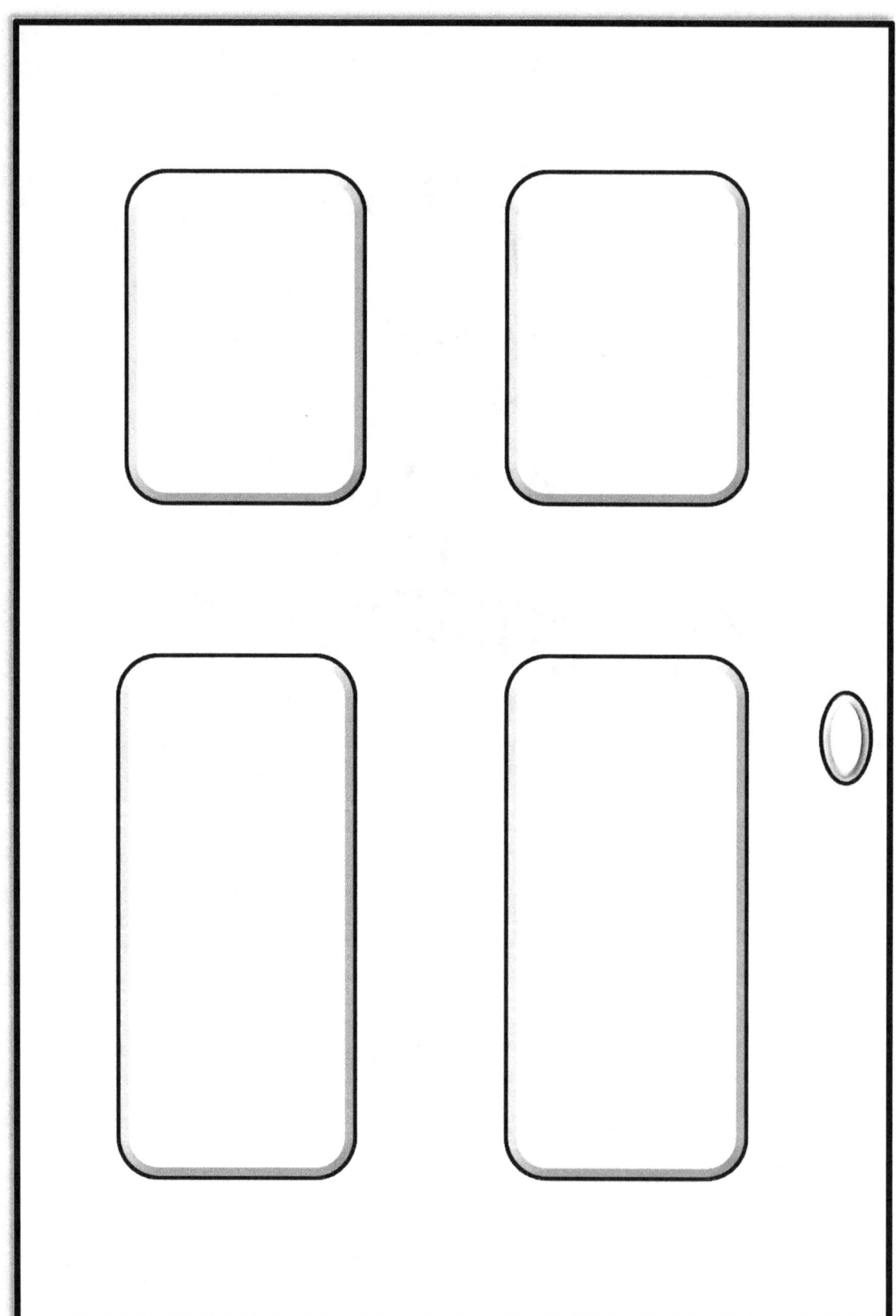

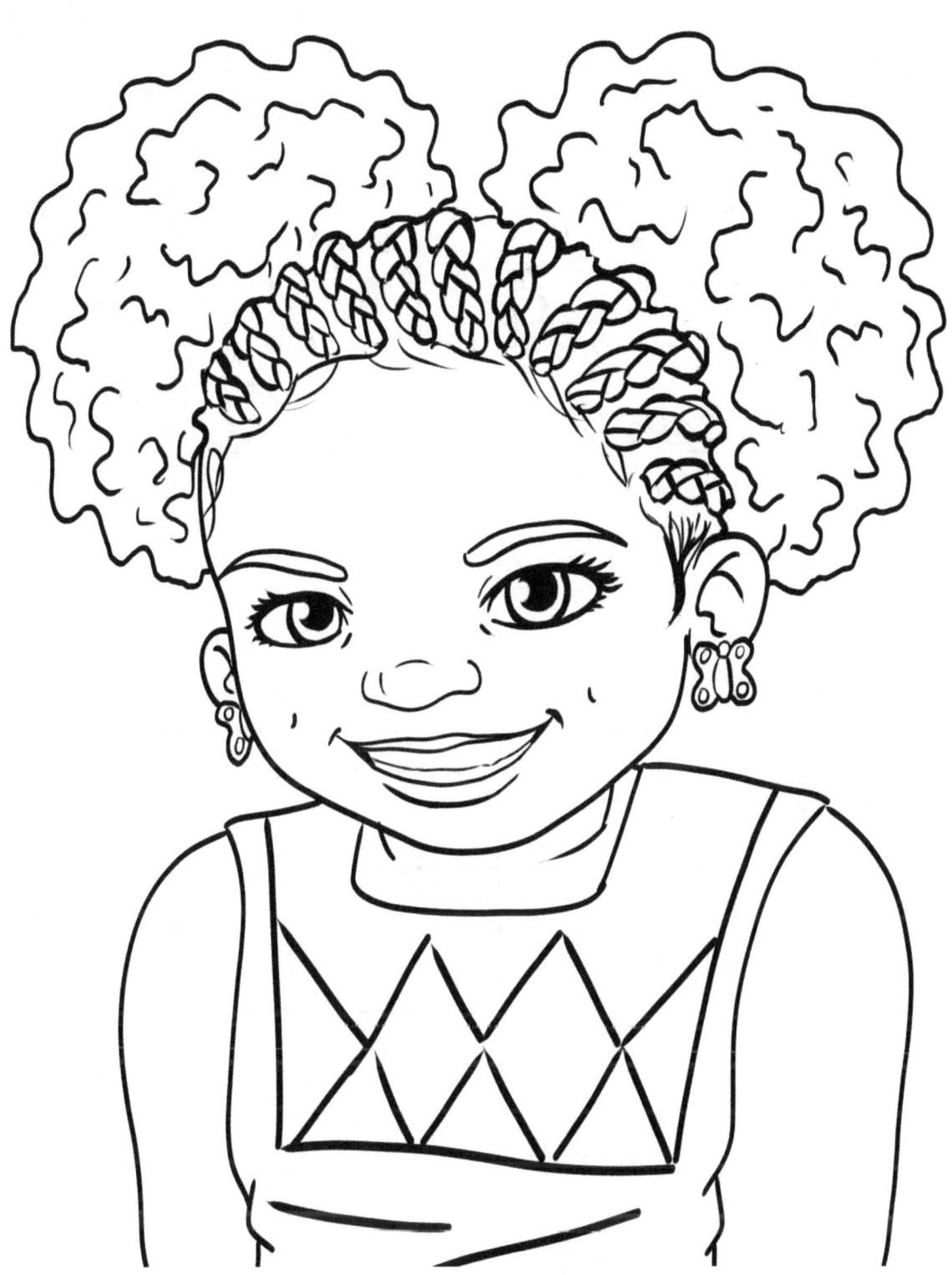

LET'S DRAW

Use the grid as a guide to help you draw the picture.

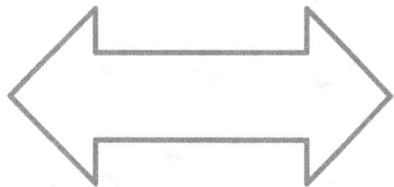

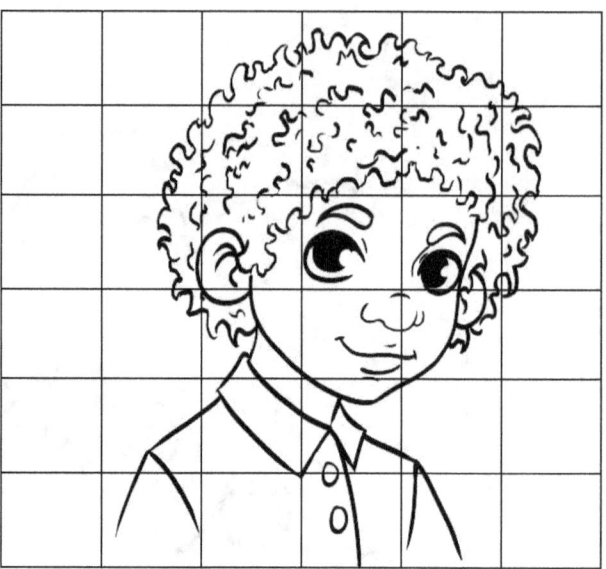

DECODING

REVEAL THE CODE BY USING THE DECODER KEY.

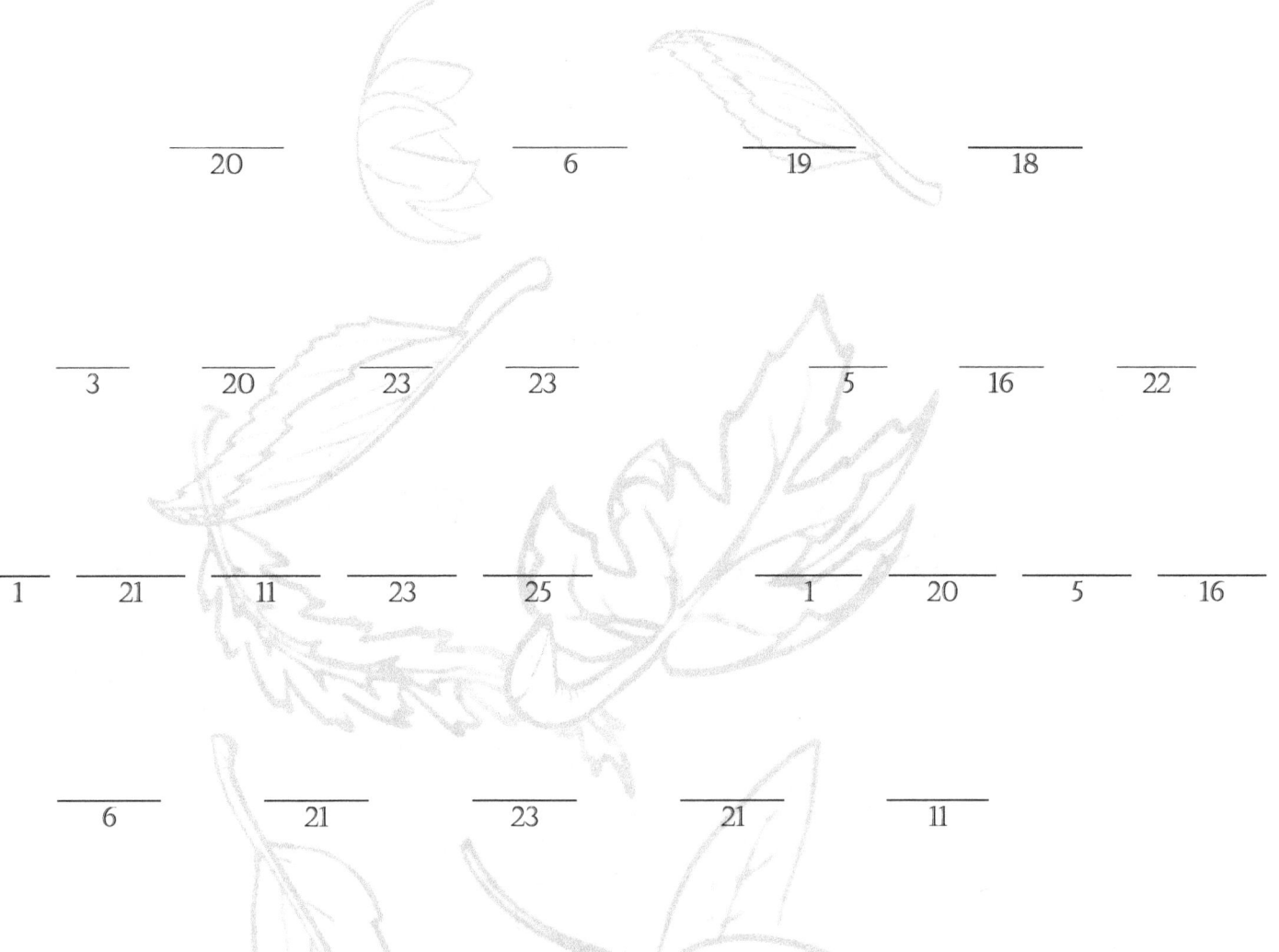

__ __ __ __
20 6 19 18

__ __ __ __ __ __ __
3 20 23 23 5 16 22

__ __ __ __ __ __ __ __ __
1 21 11 23 25 1 20 5 16

__ __ __ __ __
6 21 23 21 11

W	V	F	S	T	C	U	M	G	P	R	B	J
1	2	3	4	5	6	7	8	9	10	11	12	13

Z	Q	H	Y	N	A	I	O	E	L	X	D	K
14	15	16	17	18	19	20	21	22	23	24	25	26

I can fill the world
with color

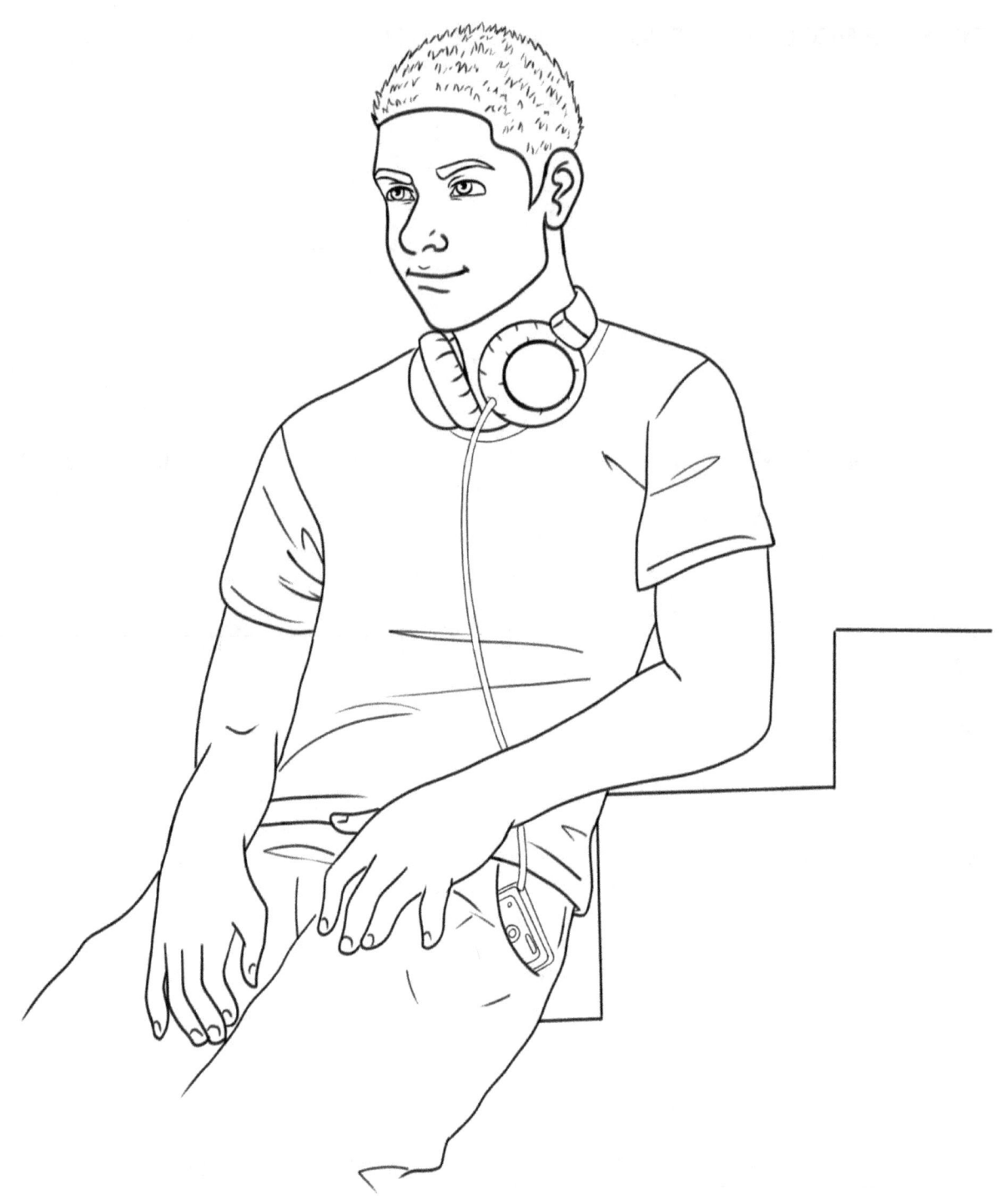

◇ WORD SCRAMBLE ◇

1. owgdodo   _____

2. pelma   _____

3. saoinb   _____

4. lwoilw   _____

5. odoredw   _____

6. rmseaocy   _____

Word List

- ❖ Maple
- ❖ Bonsai
- ❖ Willow
- ❖ Dogwood
- ❖ Redwood
- ❖ Sycamore

LET'S DRAW

Use the grid as a guide to help you draw the picture.

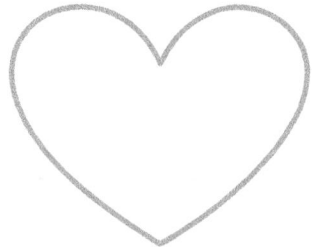

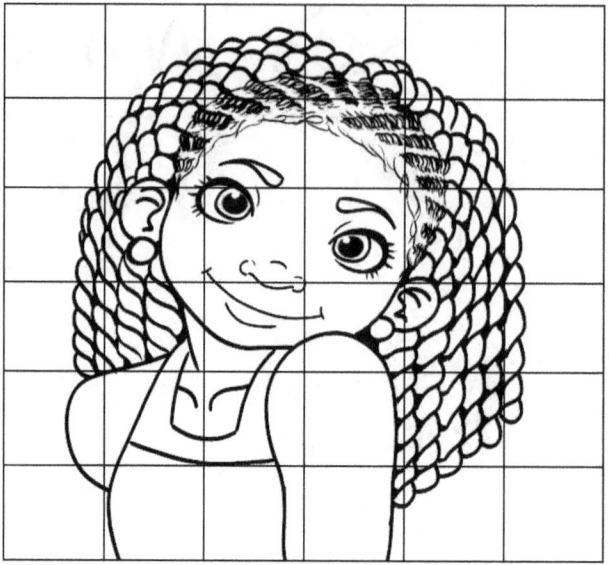

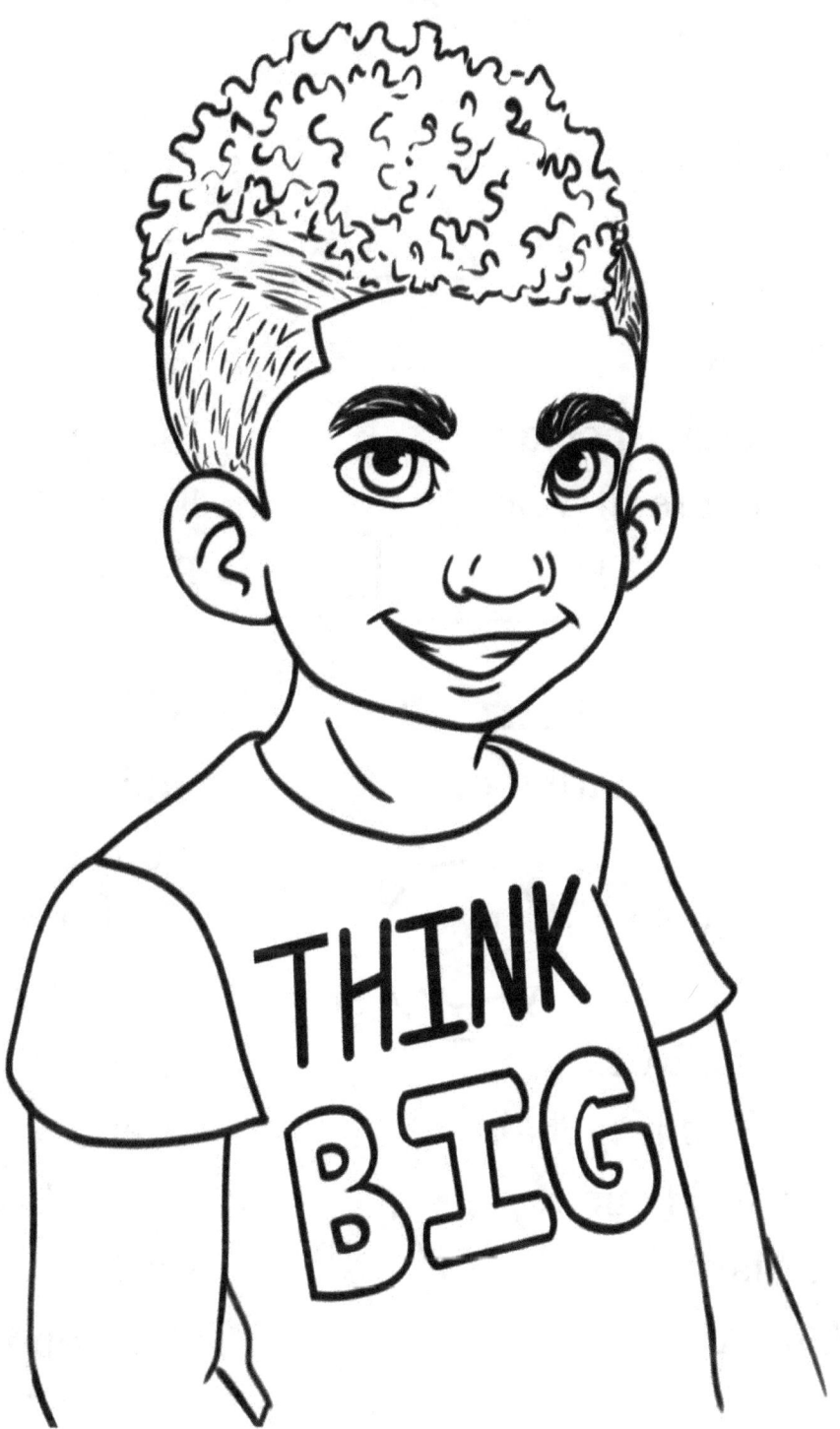

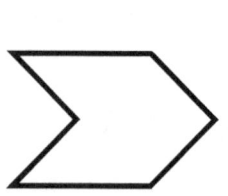 # Scavenger Hunt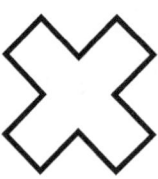

- Silk Bonnet
- A Box of Multicultural Crayons
- A Green Shoelace
- A Picture of You Riding a Bike
- Rhinestone Sunglasses
- A Blue 5' String of Yarn
- A Very Small Flower Pot
- A Blue Rock
- A Gimp Keychain
- A DCC Pencil
- A Maryland Quarter

- A Maple Leaf
- A Rainbow Napkin
- A Candy Cane
- A Harriet Tubman Stamp
- The "d" and "c" Refrigerator Magnets
- A Circus Ticket Stub
- Your Favorite Coloring Page
- A Birthday Invitation from a Friend
- A Fun-Face Straw
- An Everlasting Gobstopper

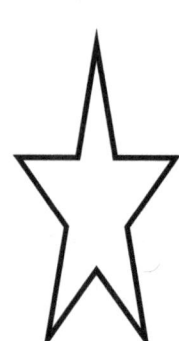
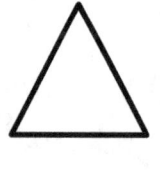
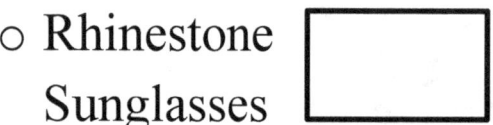
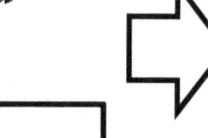
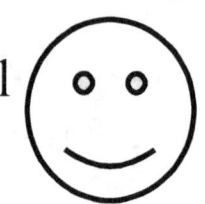
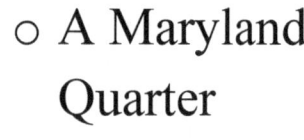
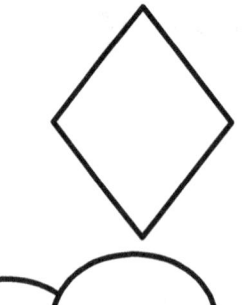
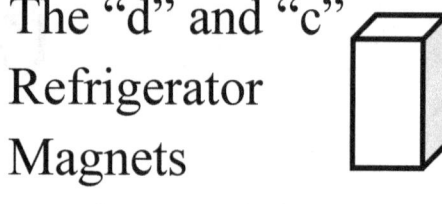
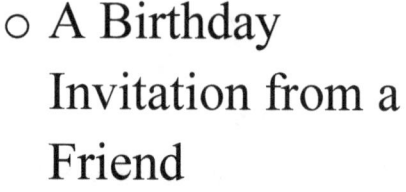
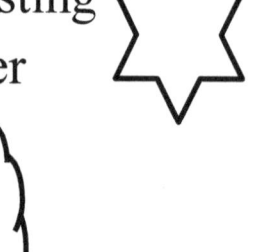
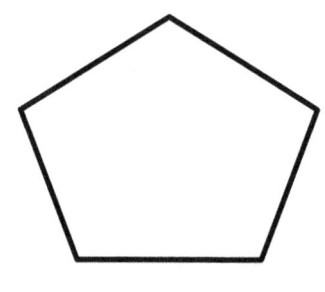
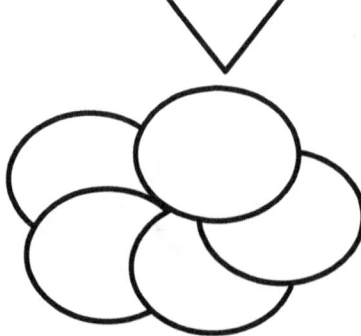

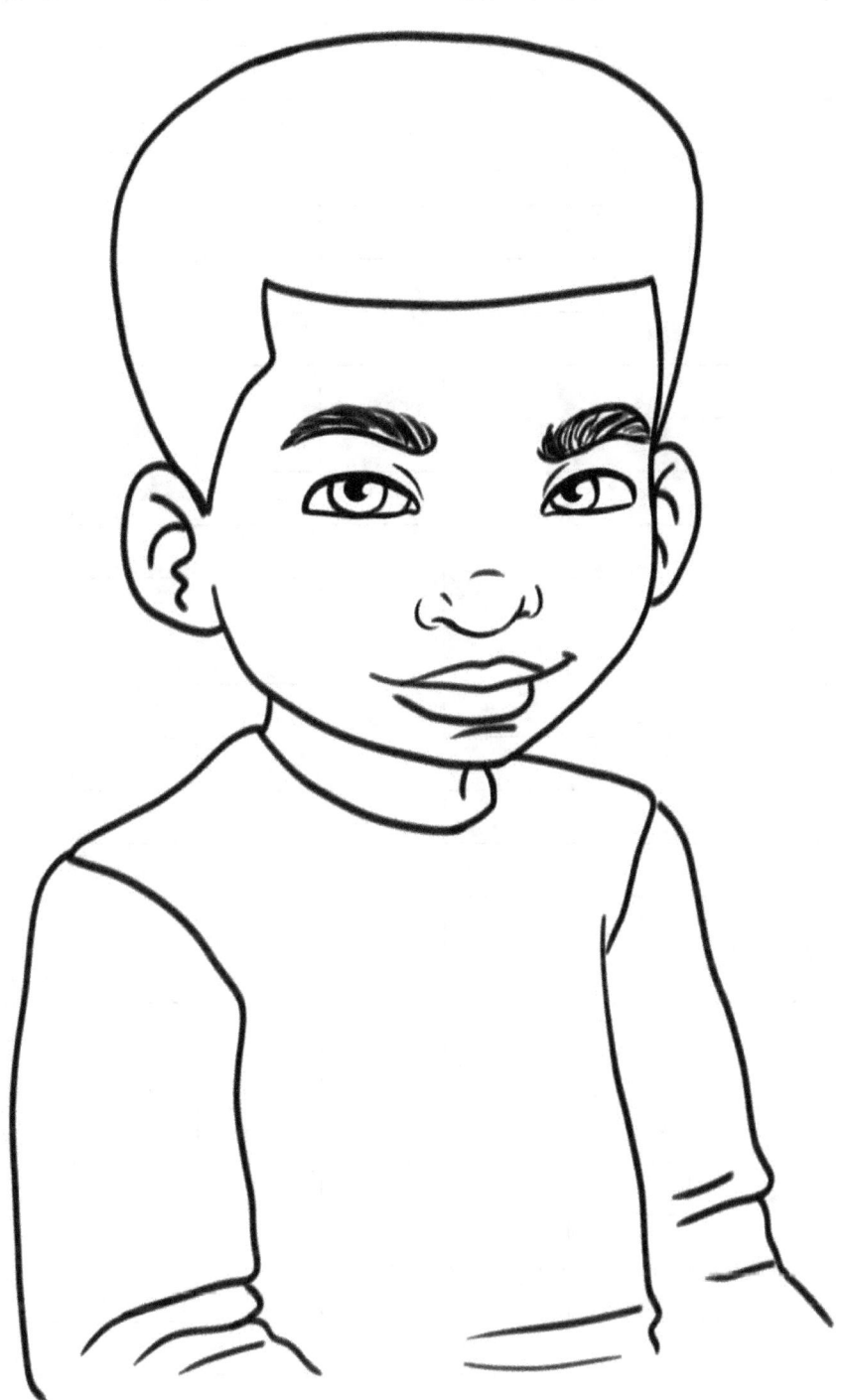

MAZE TIME

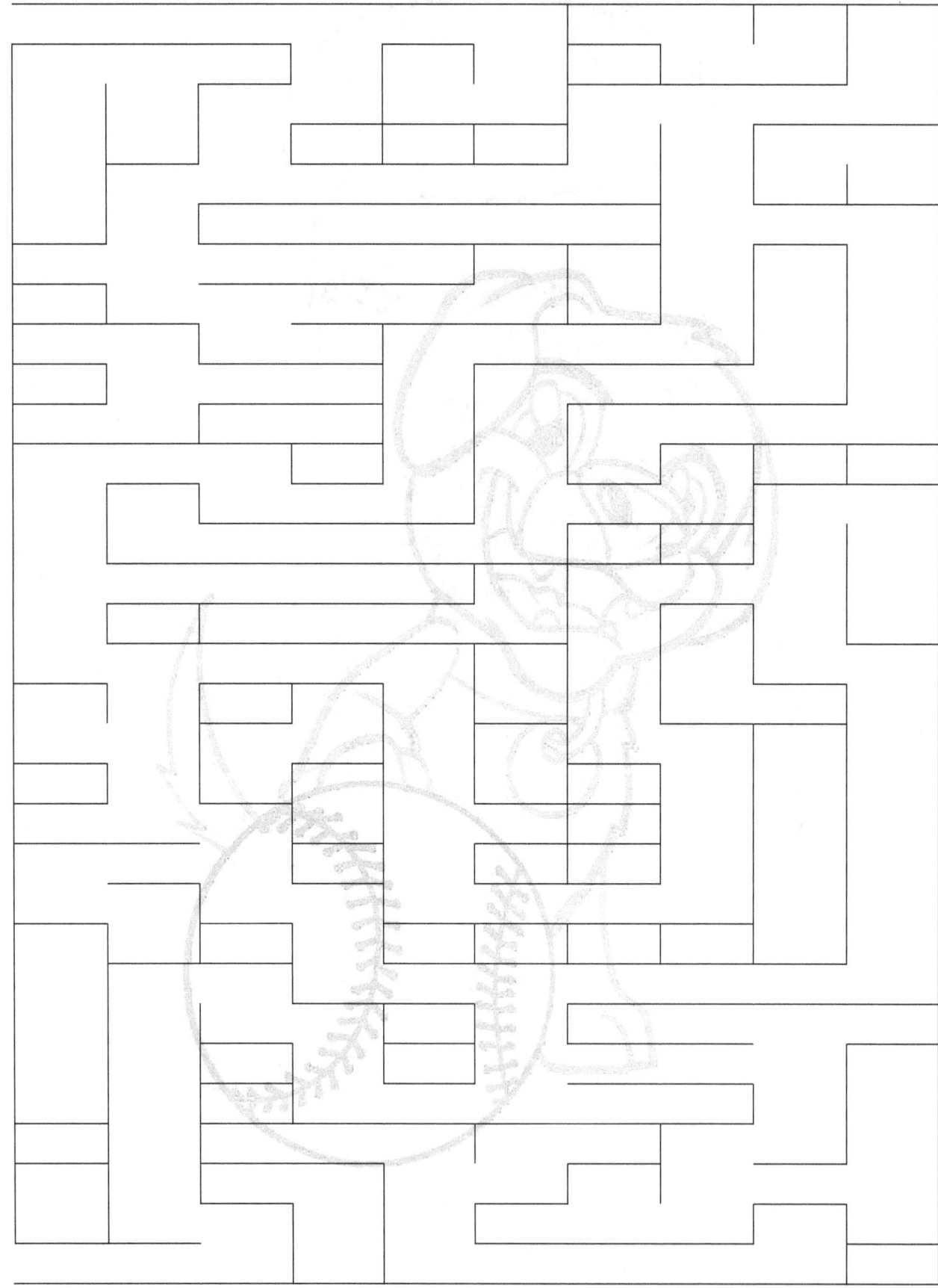

SHIFTING THE ATMOSPHERE

```
O Z O N E M O O N L C I E N J D H O N D
D R L N J J P N U J B J X L M V O R Q U
C K B K V B T E S A T L E V F Y Z X L R
Q G G K Q X V P A T M O S P H E R E W A
P N G Q D A A T C M L B V W L E W X Q N
P Z R W R A K U R V N I F X C Y L R T U
H A A Q C U M N U G S G D R Z H T E L S
P Q V Y O S J E E V J D Y Q P L U T O A
E E I T E V B B N Z E I T R P B S C R J
V Z T Z T P D G B Q P P X O E U A U X I
E O Y X N W C A O R A P O Q A Z Z R E T
N U L E E I C L O Z M E T L R P B T B G
E A S O L A R A K R A R O J T U W W Y B
R V I F A W C X R F R H O U H F Y X K B
G W F T O A U I H I S T S P S A T U R N
Y S F A Q D Q E M X H D L I X E X E P E
P L A N E T S S V E N U S T A R S Z D Q
M I L K Y W A Y E D N H C E S V L G B N
M J R W I Y V D U U U D W R U M I L G Q
C O M E T S L B J G C U L T K P F Y N B
```

Find words:

ENERGY	URANUS	EARTH	NEPTUNE	ATMOSPHERE
GALAXIES	PLANETS	GRAVITY	MARS	MOON
SATURN	VENUS	OZONE	SOLAR	PLUTO
MILKY WAY	STARS	BIG DIPPER	COMETS	JUPITER

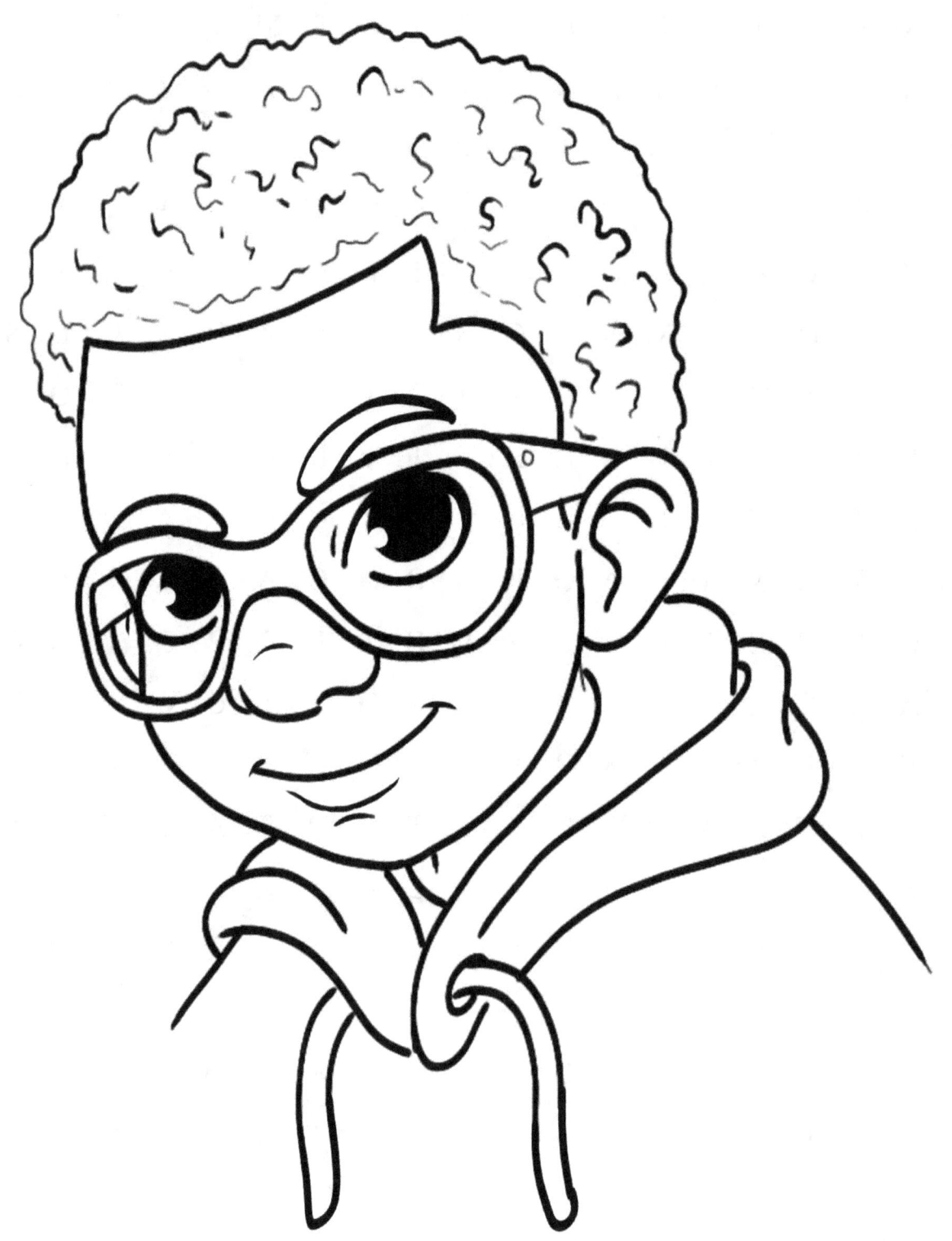

Future Bound

DanaClarkColors.com Crossword Puzzle

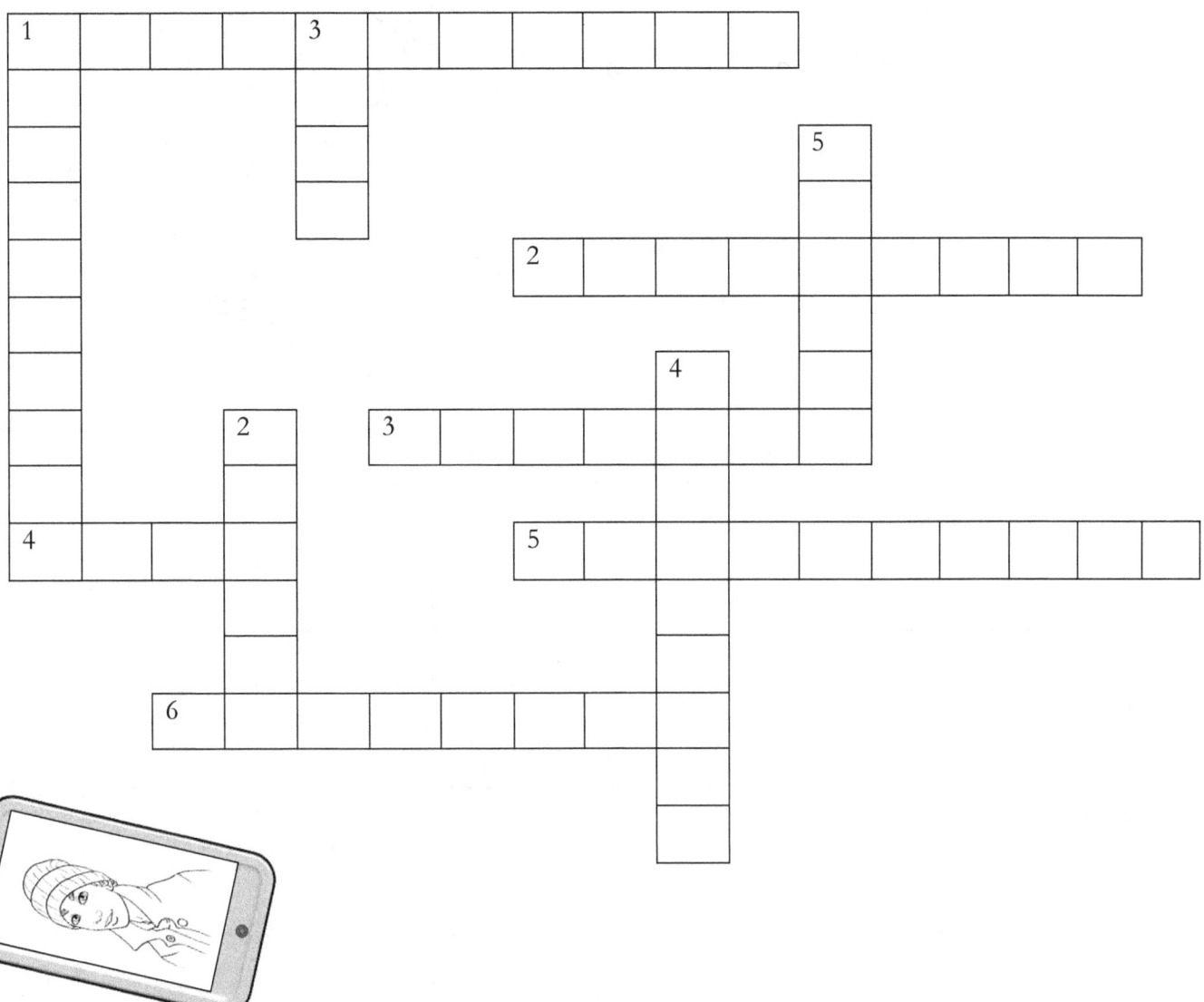

Down

1. A key to my foundation of experience
2. A Guide for where and who I want to be
3. LOVE
4. to share my time, skills, and talent
5. to manage and balance my money

Across

1. How smart and wise I am becoming
2. More than enough resources to help me with my goals
3. My help from family, friends and loved ones
4. My design for my future
5. to be brave in my future
6. to build structure in my life

LET'S DRAW

Use the grid as a guide to help you draw the picture.

Plan a Day with My Parents

DanaClarkColors.com encourages you to design the perfect day with your Parents. Circle where you would like to go.

ZOO	STATE PARK	SKATING
AQUARIUM	SWIMMING POOL	MUSEUM
STATE FAIR	BEACH	SCHOOL FIELD TRIP
THEME PARK	PICNIC	CONCERT
CIRCUS	FISHING	SCHOOL SHOPPING

List things to remember to bring:

_____   _____   _____

_____   _____   _____

_____   _____   _____

_____   _____   _____

List things to do and see:

_____   _____

_____   _____

_____   _____

_____   _____

Describe lunch time plans:

_____

_____

_____

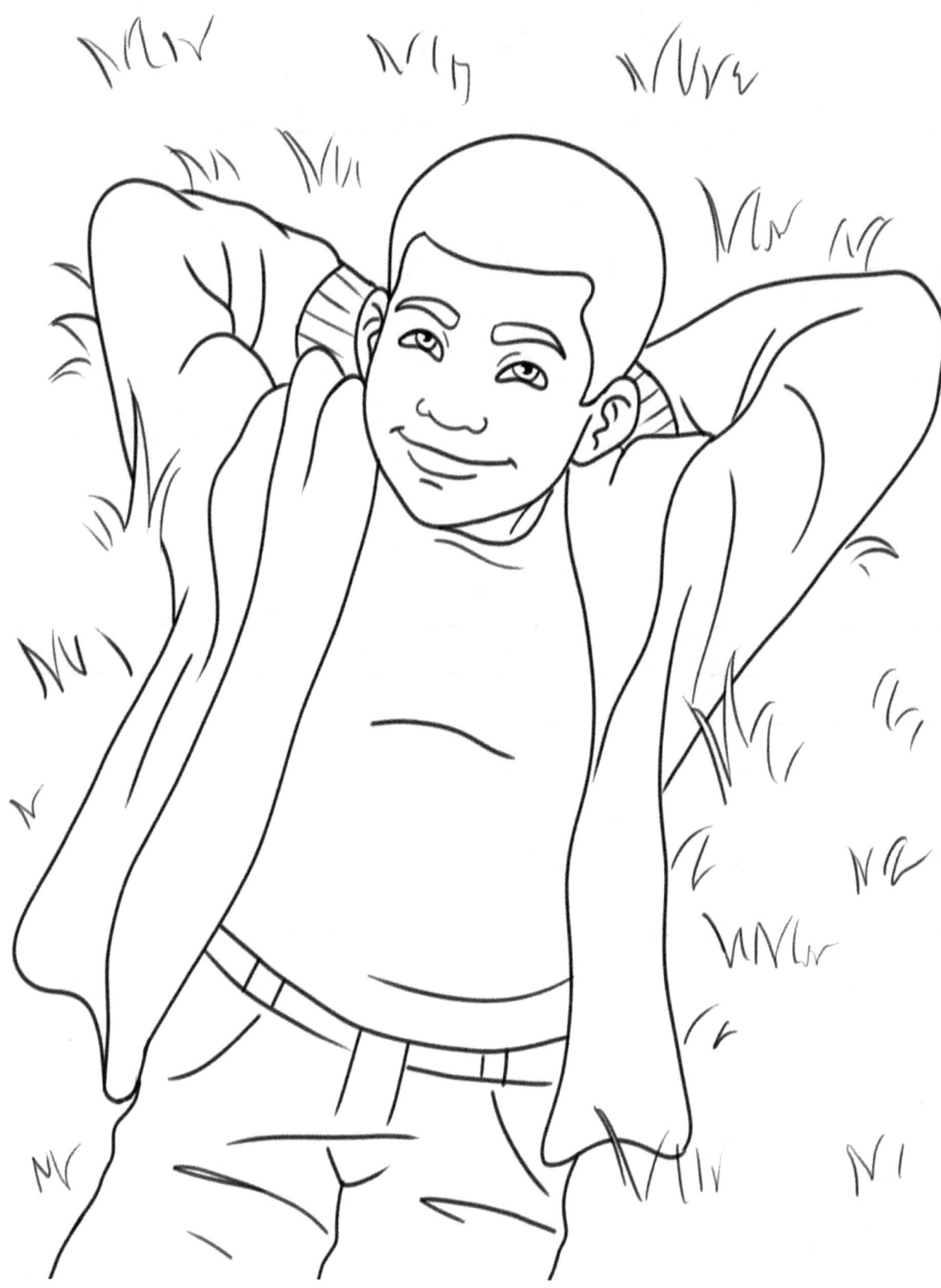

Earth Day

Earth Day is April 22nd. Using the words below, list the ways that you will show appreciation for Mother Earth this year.

Compost	Trees	Water
Plants	Green	Land
Recycle	Community	Air

_____

_____

_____

_____

_____

_____

_____

_____

_____

_____

_____

_____

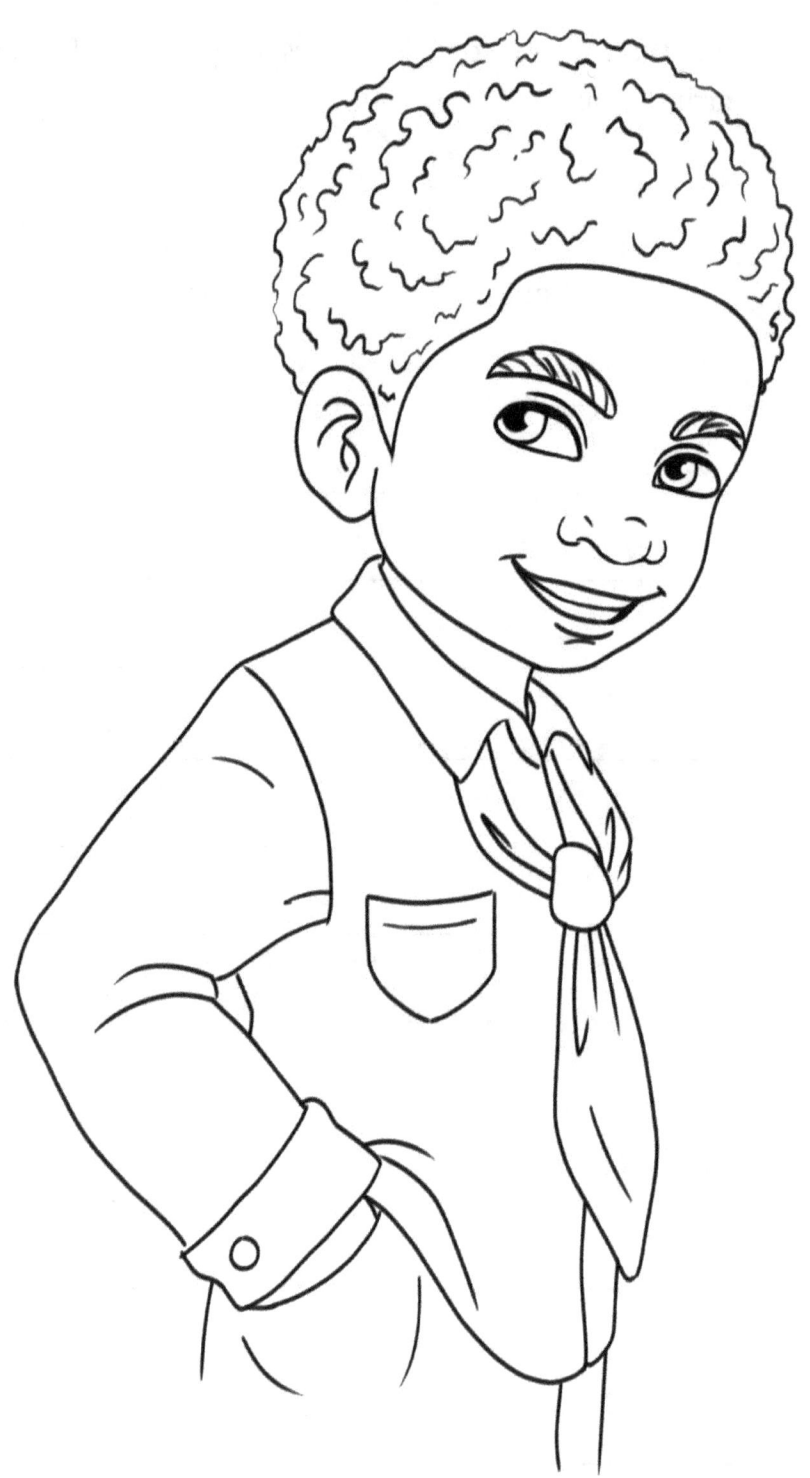

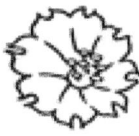 # WORD SCRAMBLE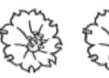

1. ibeevle

_____

2. danrwgeri

_____

3. vttoemia

_____

4. oeph

_____

5. irnagc

_____

6. npsirei

_____

Word List

 Believe   Hope   Inspire

 Rewarding   Motivate   Caring

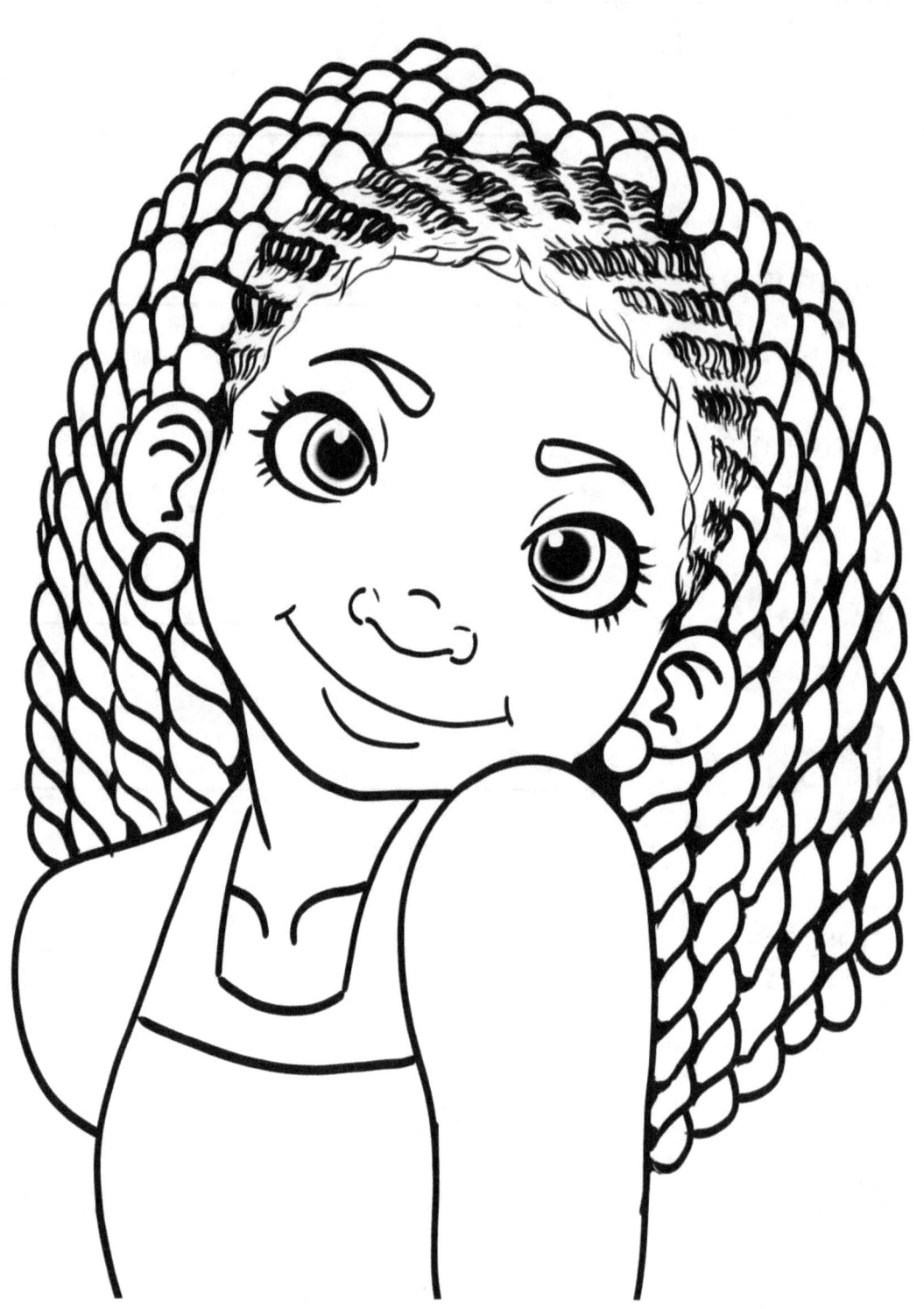

DECODING

REVEAL THE CODE BY USING THE DECODER KEY.

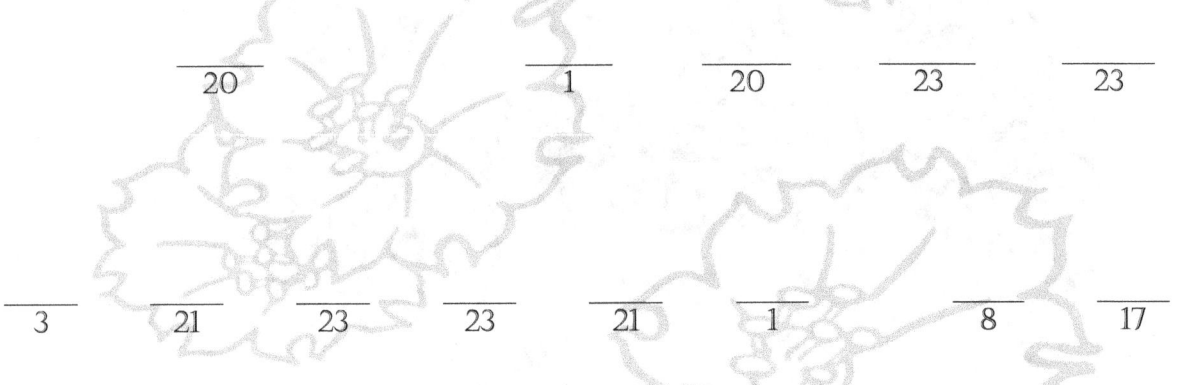

__20__	__1__	__20__	__23__	__23__

__3__	__21__	__23__	__23__	__21__	__1__	__8__	__17__

__25__	__11__	__22__	__19__	__8__	__4__

W	V	F	S	T	C	U	M	G	P	R	B	J
1	2	3	4	5	6	7	8	9	10	11	12	13

Z	Q	H	Y	N	A	I	O	E	L	X	D	K
14	15	16	17	18	19	20	21	22	23	24	25	26

I will follow my
dreams

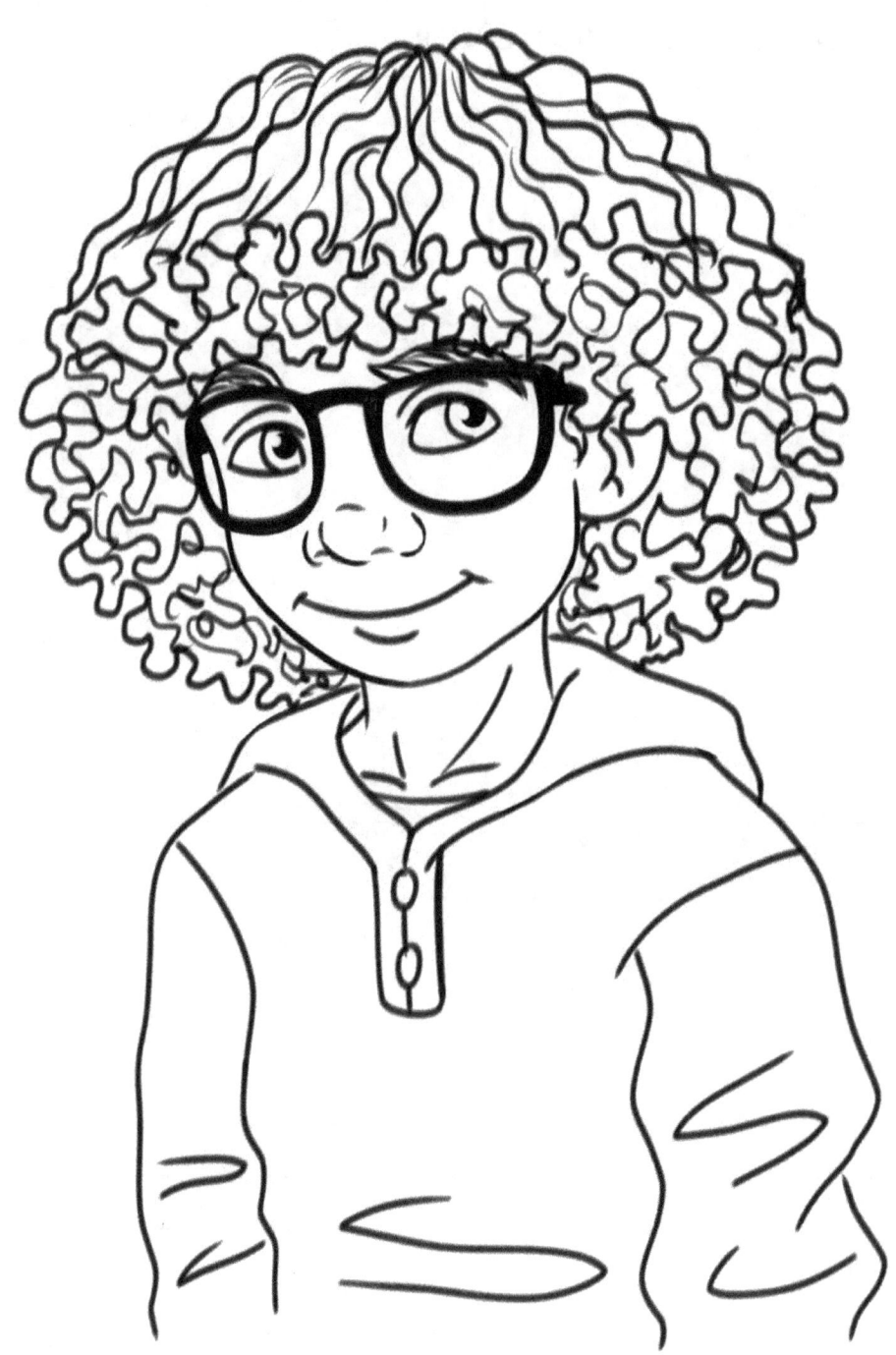

Be Creative

How many words can you make using the letters in

My Dana Clark Colors Spirit

_____   _____

_____   _____

_____   _____

_____   _____

_____   _____

_____   _____

_____   _____

_____   _____

DECODING

REVEAL THE CODE BY USING THE DECODER KEY.

__I__ __A__ __M__
20   19   8

__C__ __O__ __N__ __F__ __I__ __D__ __E__ __N__ __T__
6   21   18   3   20   25   22   18   5

__A__ __N__ __D__
19   18   25

__P__ __R__ __E__ __P__ __A__ __R__ __I__ __N__ __G__
10   11   22   10   19   11   20   18   9

__F__ __O__ __R__ __T__ __H__ __E__
3   21   11   5   16   22

__L__ __I__ __F__ __E__
23   20   3   22

__I__ __W__ __A__ __N__ __T__
20   1   19   18   5

W	V	F	S	T	C	U	M	G	P	R	B	J
1	2	3	4	5	6	7	8	9	10	11	12	13

Z	Q	H	Y	N	A	I	O	E	L	X	D	K
14	15	16	17	18	19	20	21	22	23	24	25	26

I Am Confident and Preparing for
the Life I Want

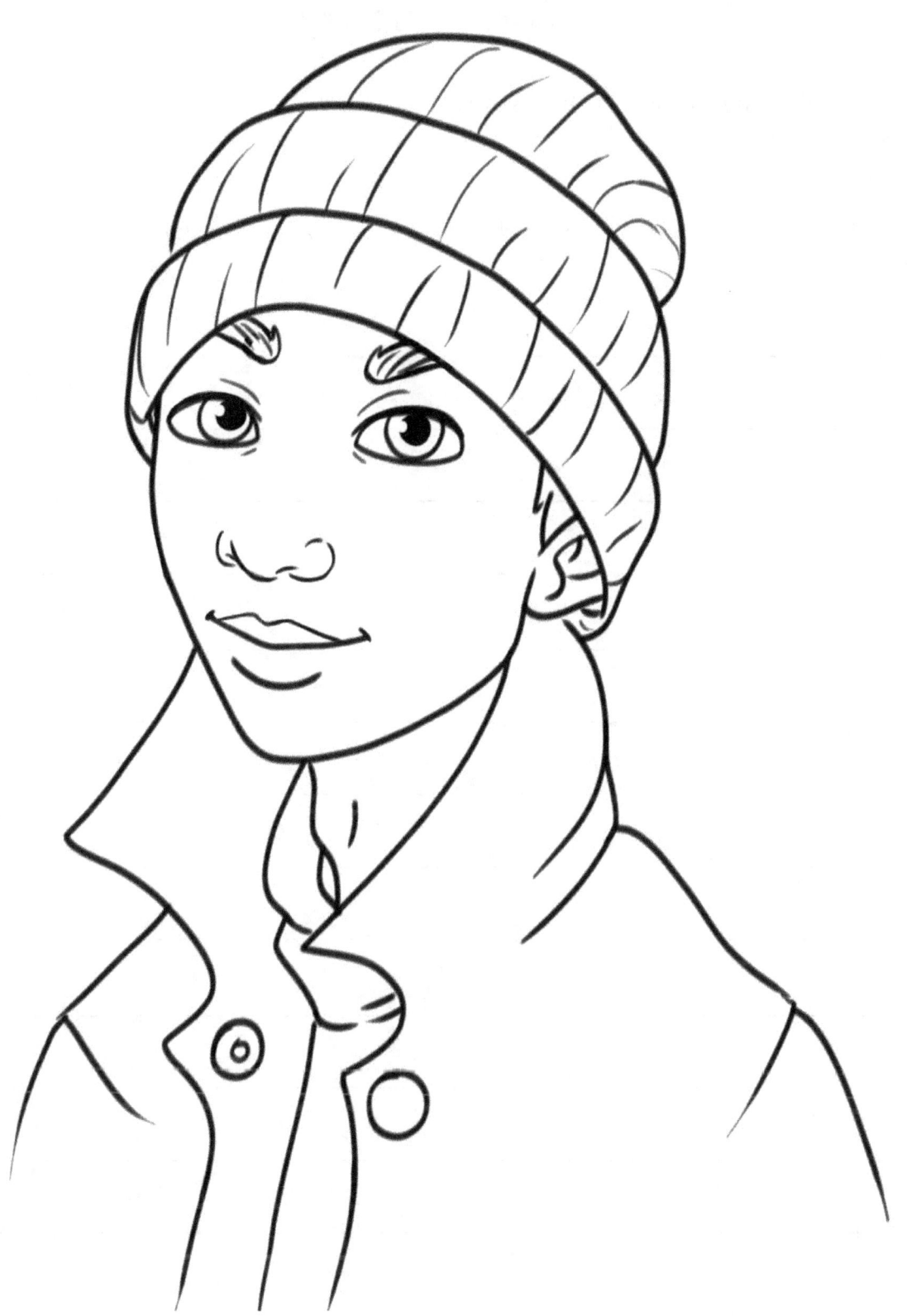

DanaClarkColors.com
Short Story

Use the following words in a short story:

Mermaid	Believe	Tail
Poseidon	Seashell	Friend
Ocean	Starfish	Hope

_____

_____

_____

_____

_____

_____

_____

_____

_____

_____

_____

WORD SCRAMBLE

1. mcimouanect _____

2. psedfniihr _____

3. grtnos _____

4. nivglo _____

5. hltuhgoutf _____

6. tinceaoff _____

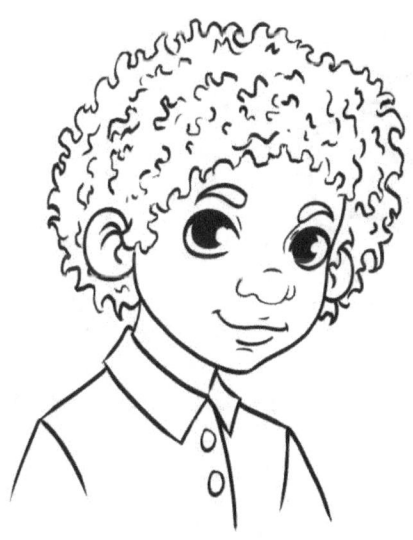

Word List

Affection   Loving   Friendship

Thoughtful   Strong   Communicate

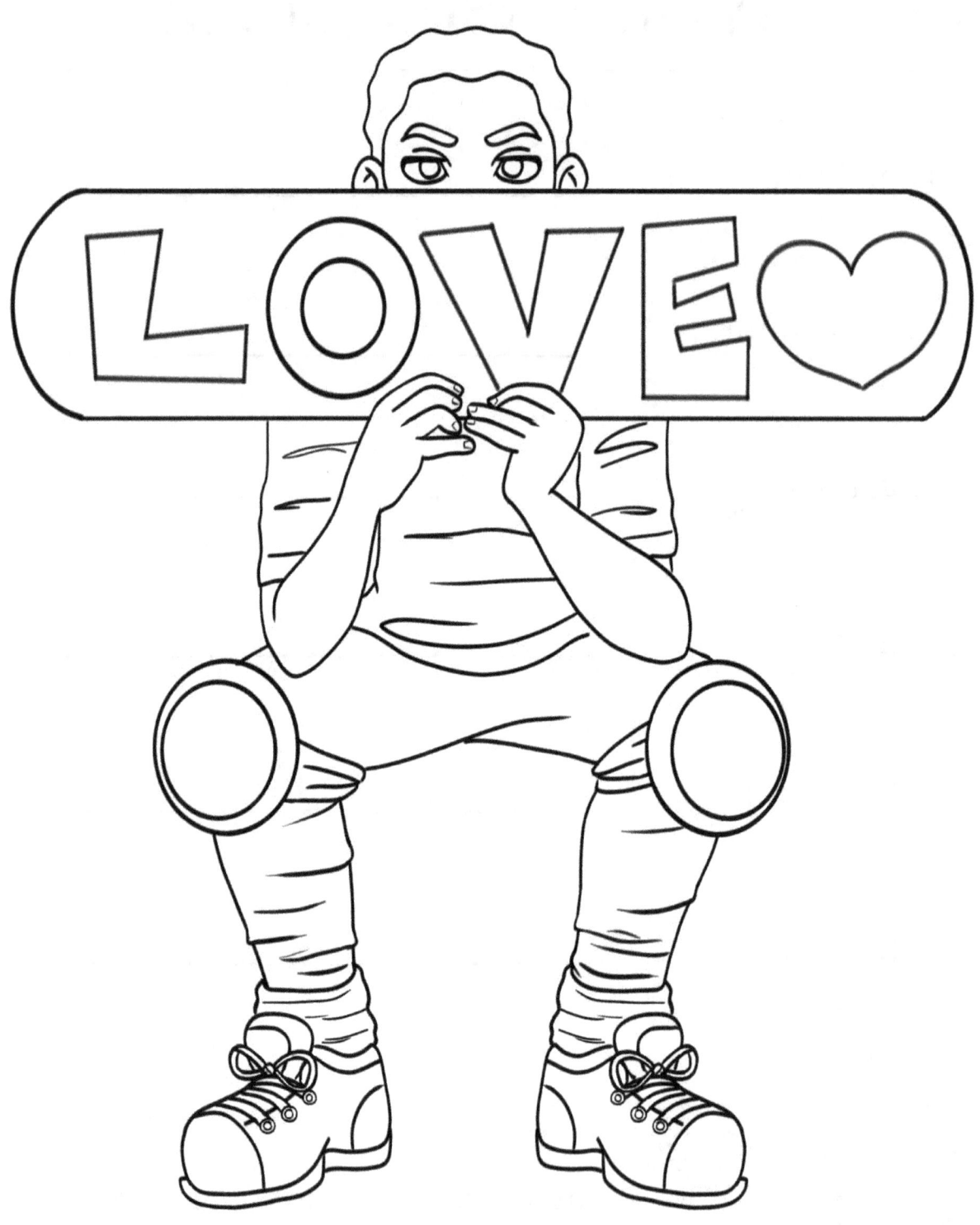

FEELING MAP

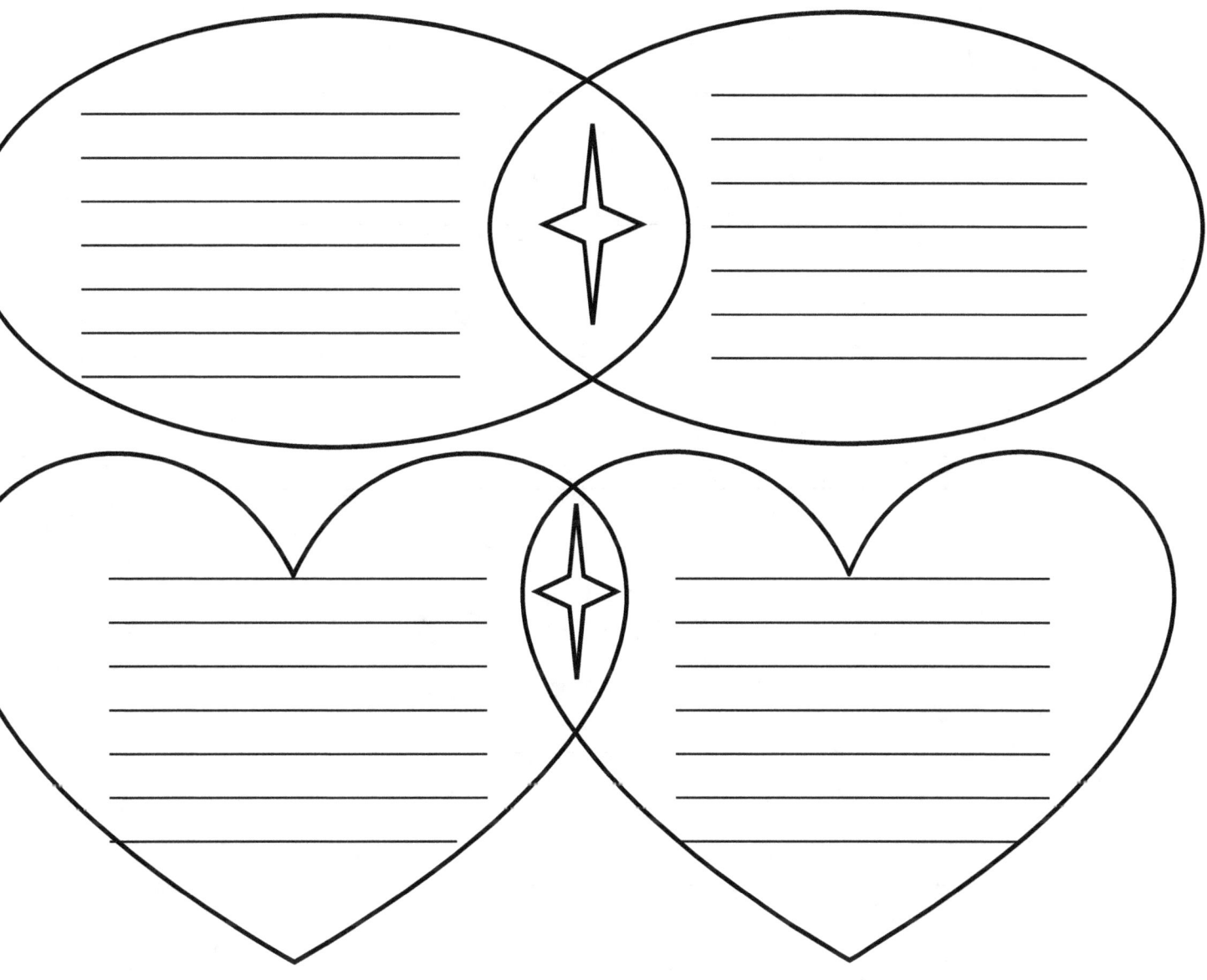

DanaClarkColors.com wants you to understand your thoughts and feelings. Write your thoughts in the ovals. Write your feelings in the hearts. Which of your good thoughts lead to your good feelings? Can you list 4?

BOOK SHELF

Name the books you plan to read this year.

_____

_____

_____

_____

_____

_____

_____

MAZE TIME

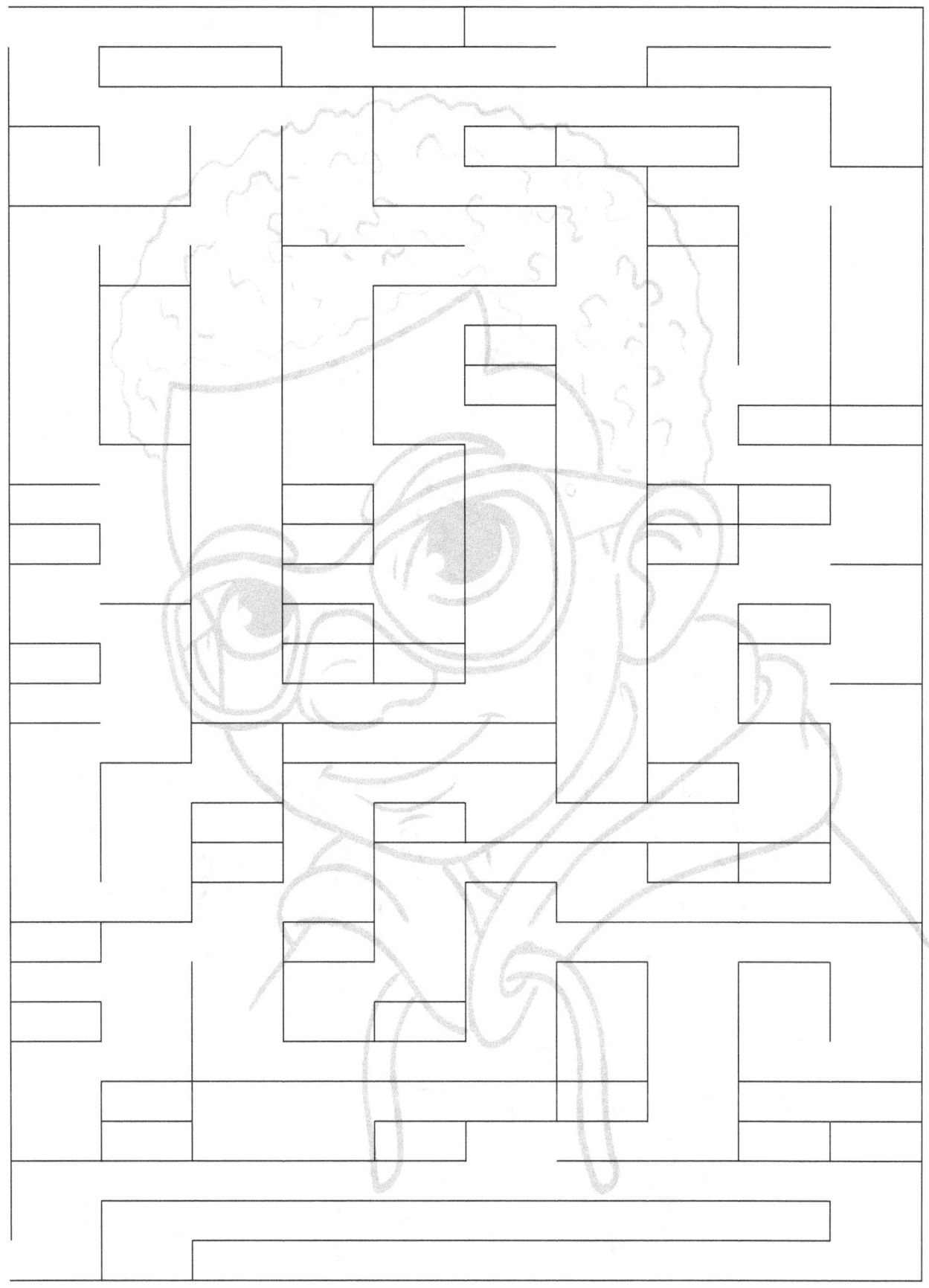

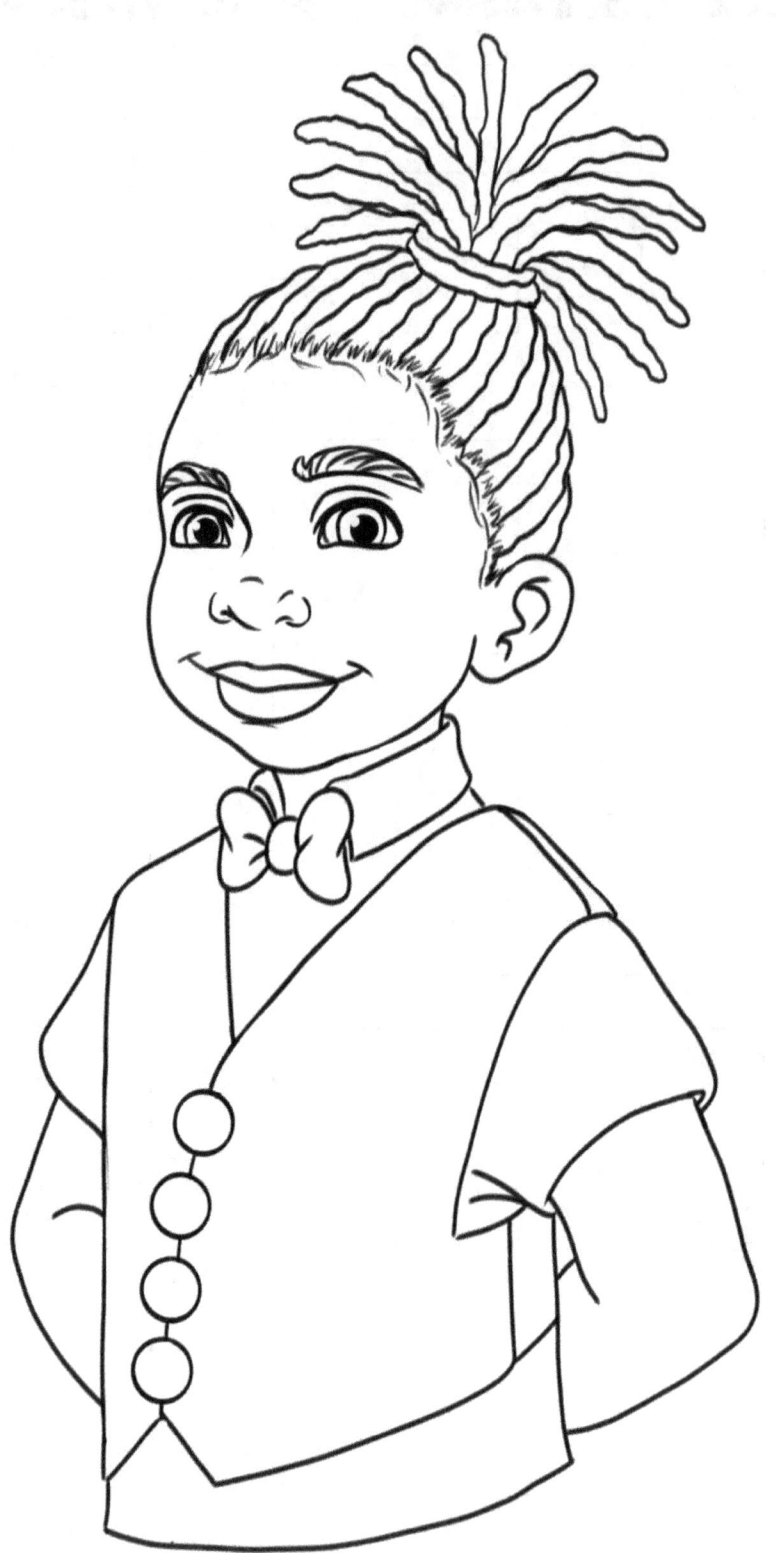

Future Bound

DanaClarkColors.com Crossword Puzzle

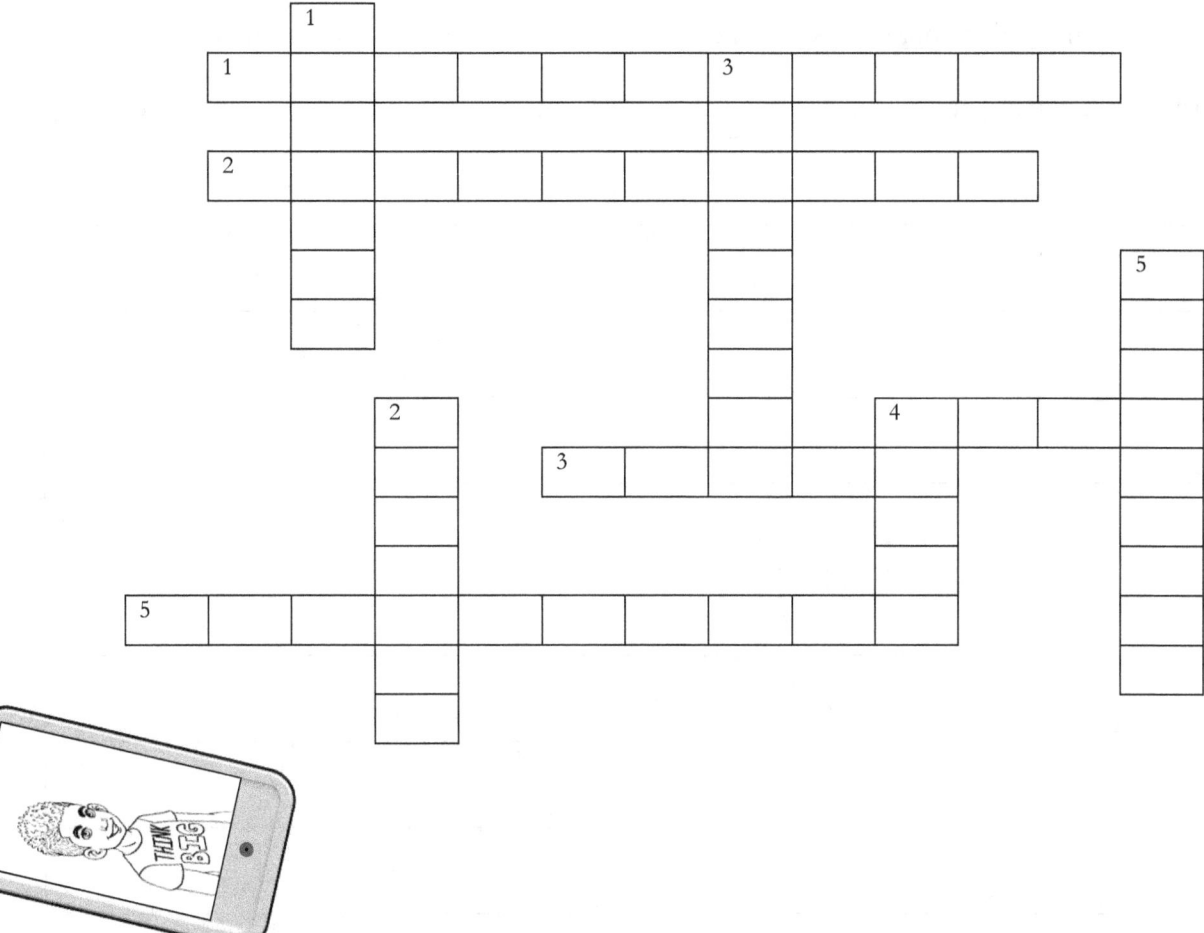

Down
1. Continuous growth
2. To be true to myself and others
3. Each journey that I choose to take
4. How I express my gratitude and love for others
5. To be sure of myself and my choices

Across
1. When I have my most valued thoughts
2. The manifestation of my imagination
3. The thoughts of my future happiness
4. Me
5. To express and stand firm to my values

Everyone Makes Mistakes

It is important to:

1. Acknowledge your mistake 2. Forgive yourself and 3. Rectify your mistake.

Write about one of your mistakes, how you forgave yourself, and then how you rectified it.

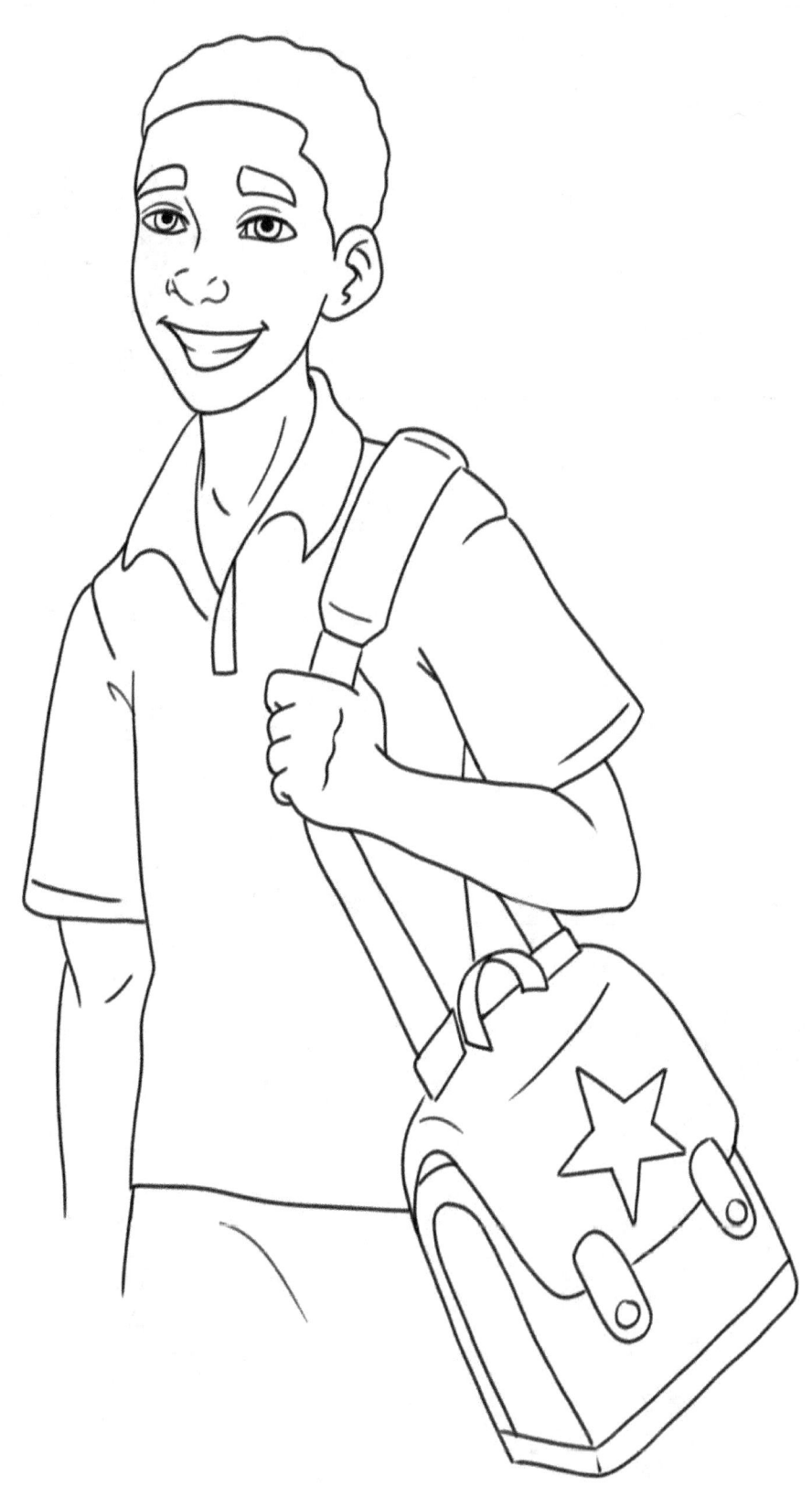

DISCOVER A NEW STAR

Name your star.

_____

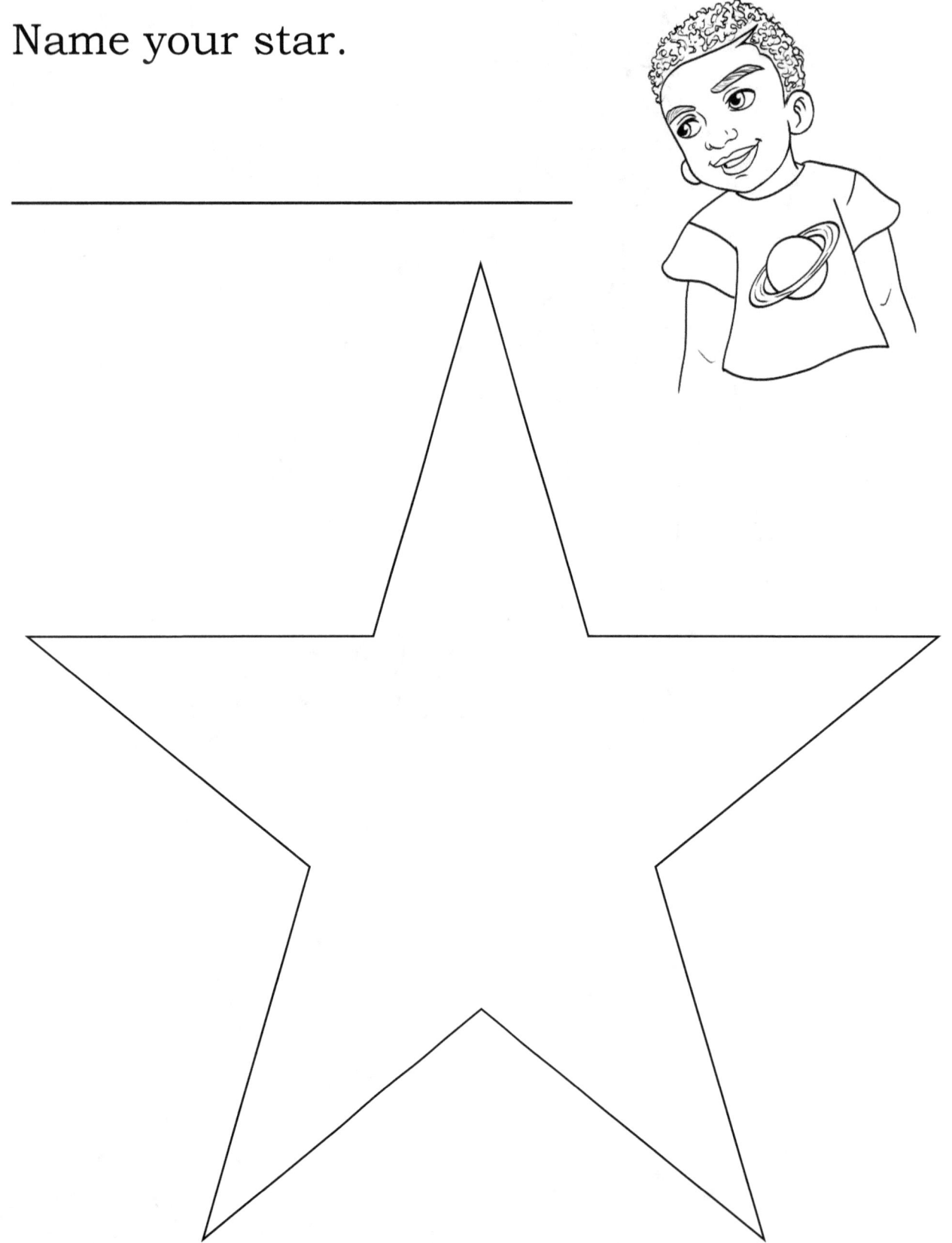

DRAW YOUR ROBOT

What can your robot do?

_____

What is the name of your robot?

_____

How will your robot help humanity?

_____

_____

_____

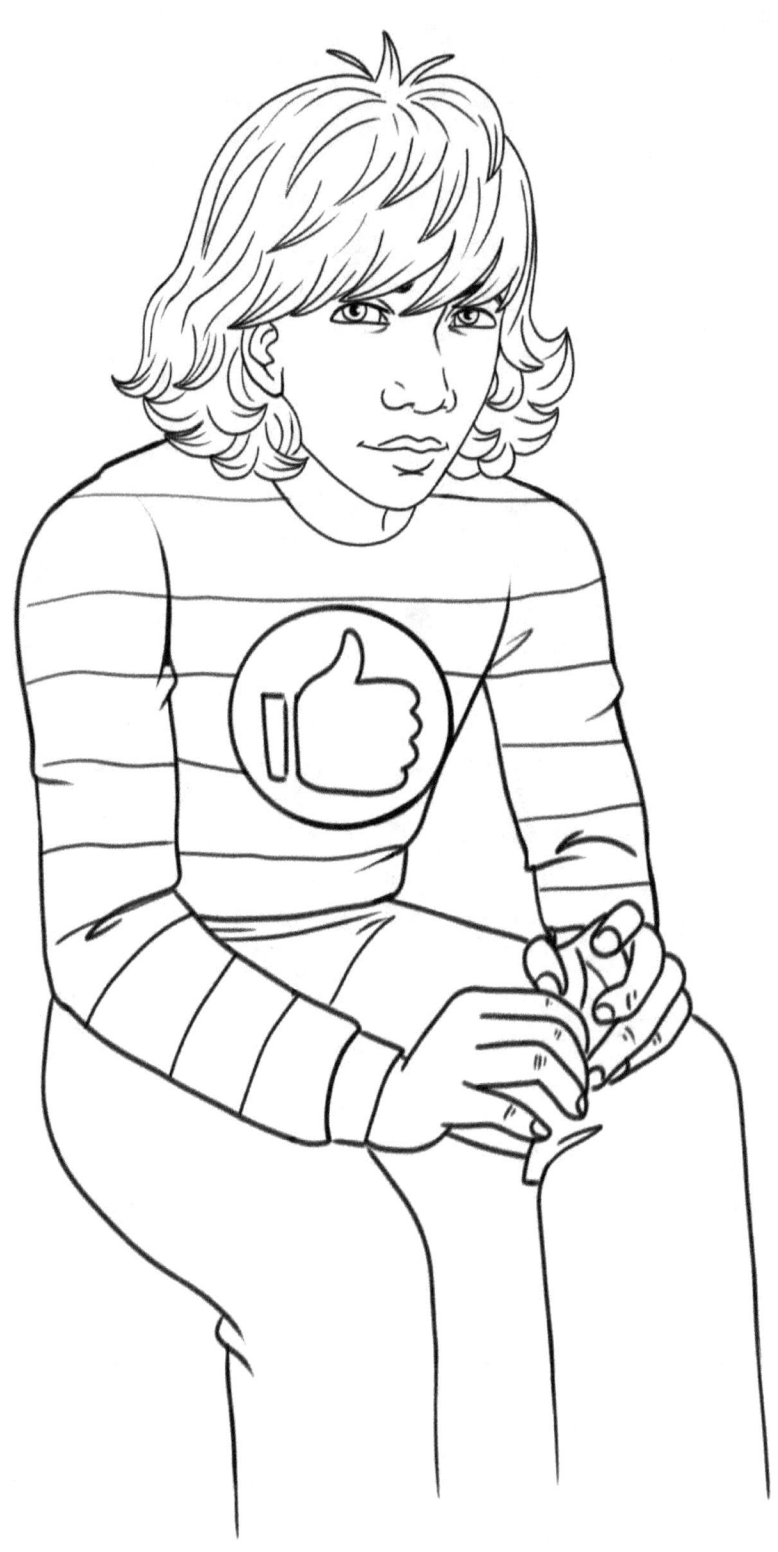

Cyber Safety

Before you post online, THINK. Write what you think about your post.

T	Is it True?
H	Is it Hurtful?
I	Is it Illegal?
N	Is it Necessary?
K	Is it Kind?

Social Media and Me

```
V G W R X T O U C H S C R E E N F L Q C
T B E J N V B L O G J F L G O A L C N H
I J L Z T H D A C S U Y W P T E I H X A
Y U H W D T G G S O Z Z X R E C I G C T
W O A E L H L N I C E G R Q X B Y S H X
Z D S B I G A R V I L F E E T U R K F H
U V H O E R U F K A O J Z Z I Q B O V F
P F T A B O G O F L A V Q J N O J B V E
J E A R A U H H T M A L F T G W S R Q K
U G G D A P O O Y E M J P Z J O M P V N
B G G B C C U M M D T C G Y Y R I H E A
K J U F E T T E H I I N A O K L L G T O
J Z W O M U L P Z A Y Y S K W D E T B V
F X D Q A X O A O N L I N E E W Y I M L
H J E Q I E U G L K H X T N B I F C W G
M P M Q L F D E I H I Z B A S D A U B B
P R O F I L E P N S B Z C P I E C R K T
A G F O H H B S K P A M U P T W E X M C
P Y D X J T R N Y P D U B S E E I R K N
I N S T A N T M E S S A G E X B M N G X
```

Find Words:

- SOCIAL MEDIA
- HASHTAG
- ONLINE
- BLOG
- LAUGH-OUT-LOUD
- HOMEPAGE
- WORLD WIDE WEB
- WEBSITE
- CHAT
- E-MAIL
- PROFILE
- BOARD
- TOUCHSCREEN
- GROUP
- SMILEY FACE
- LINK

BE CREATIVE

Describe your Amazing Spirit using every letter in the alphabet

A _____

B _____

C _____

D _____

E _____

F _____

G _____

H _____

I _____

J _____

K _____

L _____

M _____

N _____

O _____

P _____

Q _____

R _____

S _____

T _____

U _____

V _____

W _____

X _____

Y _____

Z _____

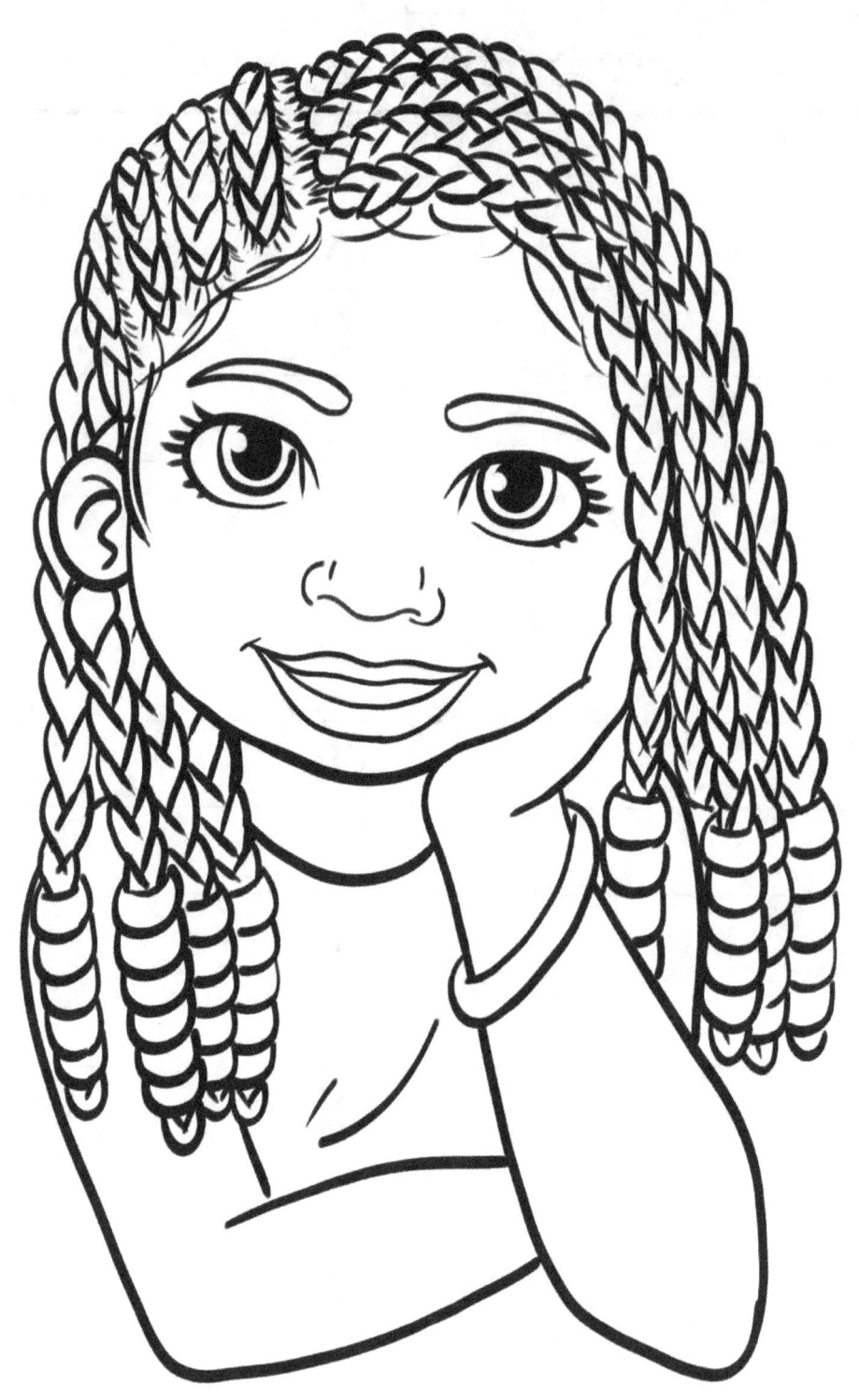

WORD SCRAMBLE

1. ewslnsel _____

2. wmoktear _____

3. elahyth _____

4. xceserie _____

5. rtossp _____

6. rtbhae _____

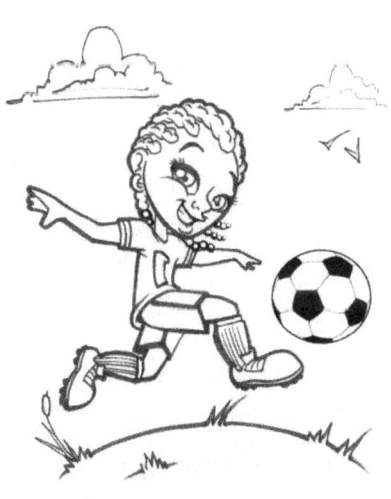

Word List

Healthy   Exercise

Sports   Breath

Wellness   Teamwork

Missing Letters: Colors

_i_l_t

_n_igo

G_l_

Bu_g_n_y

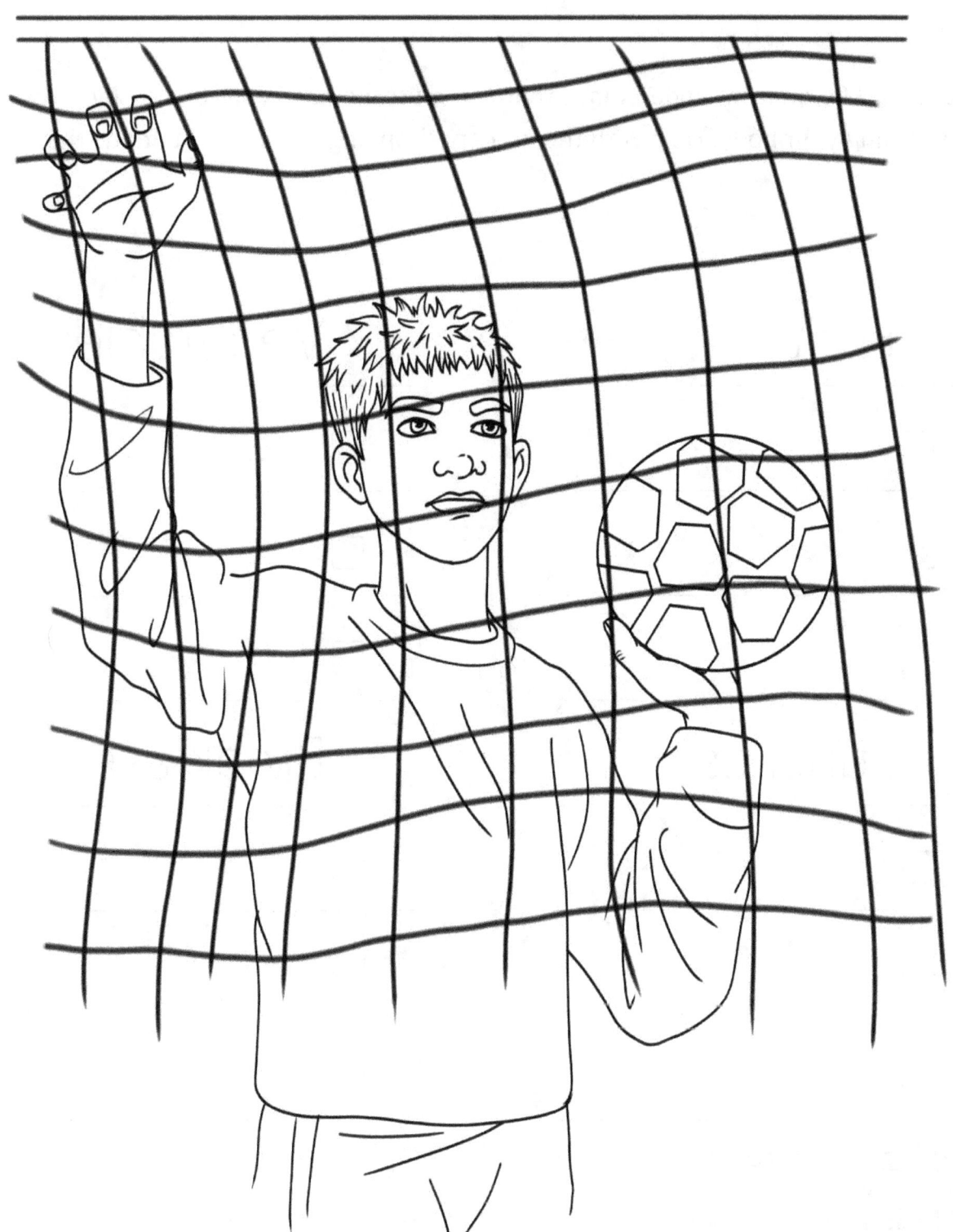

Grocery List

DanaClarkColors.com understands that you must increase your energy by nourishing your body. Help with the grocery shopping by listing the foods that you like.

Fruit

☐

☐

☐

Vegetables

☐

☐

☐

Lunches

☐

☐

☐

Breakfast

☐

☐

☐

Apples
Oatmeal
Tomatoes

I am STRONG.

I am HEALTHY.

I am CONFIDENT.

I LOVE ME.

I AM HEALTHY

```
K Y T X A S K R C S J O L G X P M X D G
A P D S D B Y Y Y O J L E M D W K U R W
R U N N I N G J Y D Y S Y A N N M H Z H
C U M H O R E Q G T H F J U M P I N G R
O C Z Z W Y F U L G N R T N E P D L J U
N O E Z E N Y M R J X I H X H D P X B Z
F C J J X A F Z K C S E J P Z Q H K K E
I T E E Y S D I Y V N Z W Y Q O Y G N
D E B T R H E A R T O D V P F L F A J E
E A Z J C K W M X Q B S E O B K G C V R
N M P K I E T C O J H M T B R E A T H G
T W P Y S T U L W E L L N E S S F I G I
O O N Q E K N C X M V P Q T H M O V L Z
G R I A M Z F K U H M C V H E F C E U E
B K Q F R L F D P I E U W A B U F U N
I L C M F W P H N U J G N H L X S Y G K
Z K S T R O N G M S Q P X Q T D A N C E
U K S V W R S W I M M I N G H Z N S X J
C Y G O T K S K L O U S Q J Y Y G E Z B
S P O R T S H S T R E T C H U N G I J J
```

Find Words:

ACTIVE	HEALTHY	EXERCISE	BREATH	WORK
ENERGIZE	CONFIDENT	SPORTS	WELLNESS	RUN
SWIMMING	JUMPING	HEART	STRETCH	FUN
FOCUS	DANCE	STRONG	FRIENDS	TEAMWORK

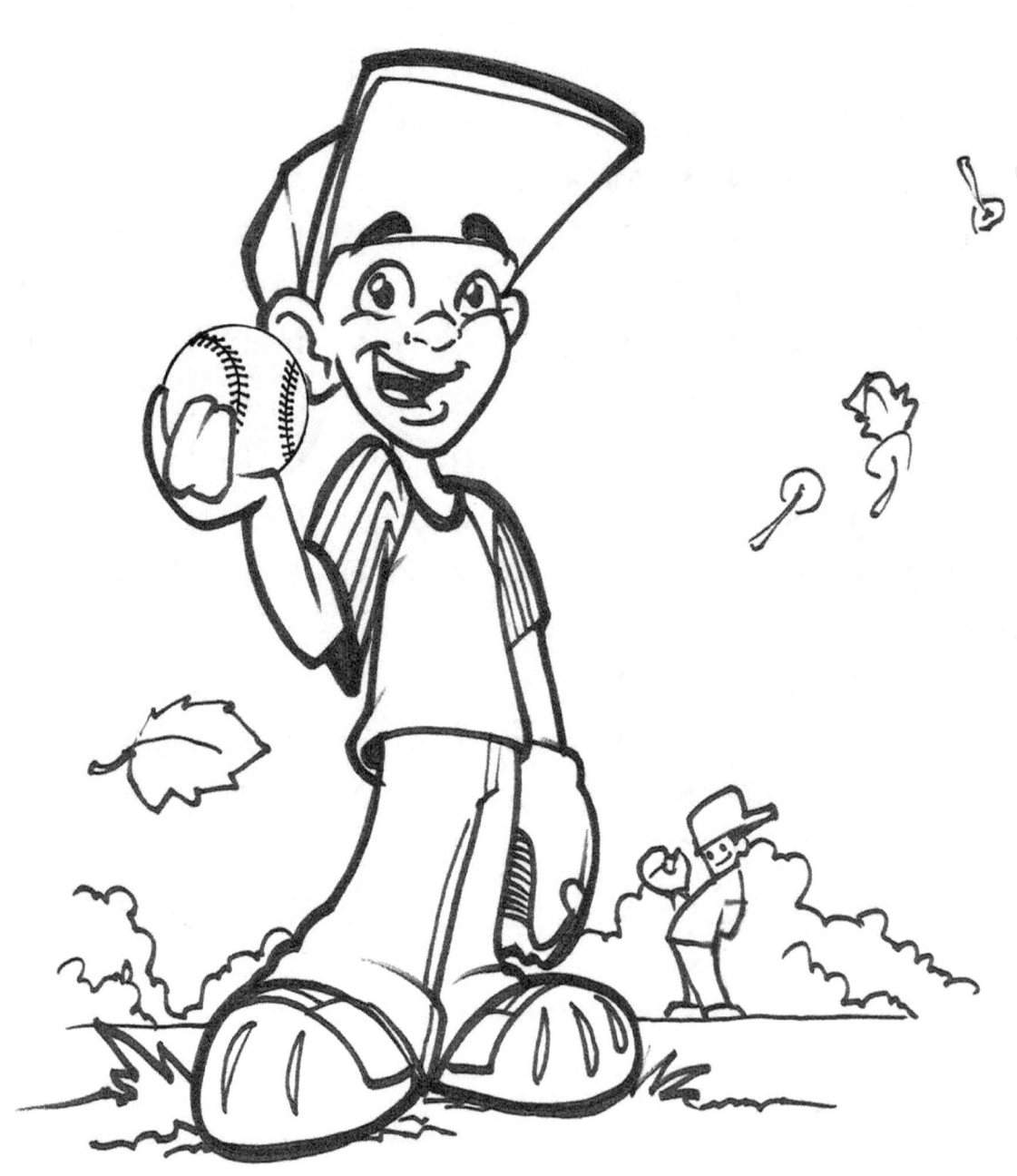

LET'S DRAW

Use the grid as a guide to help you draw the picture.

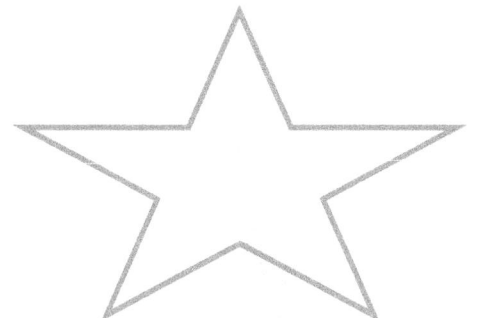

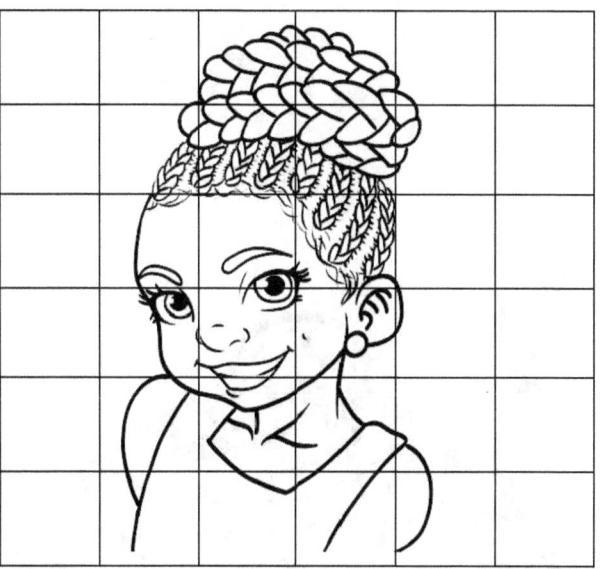

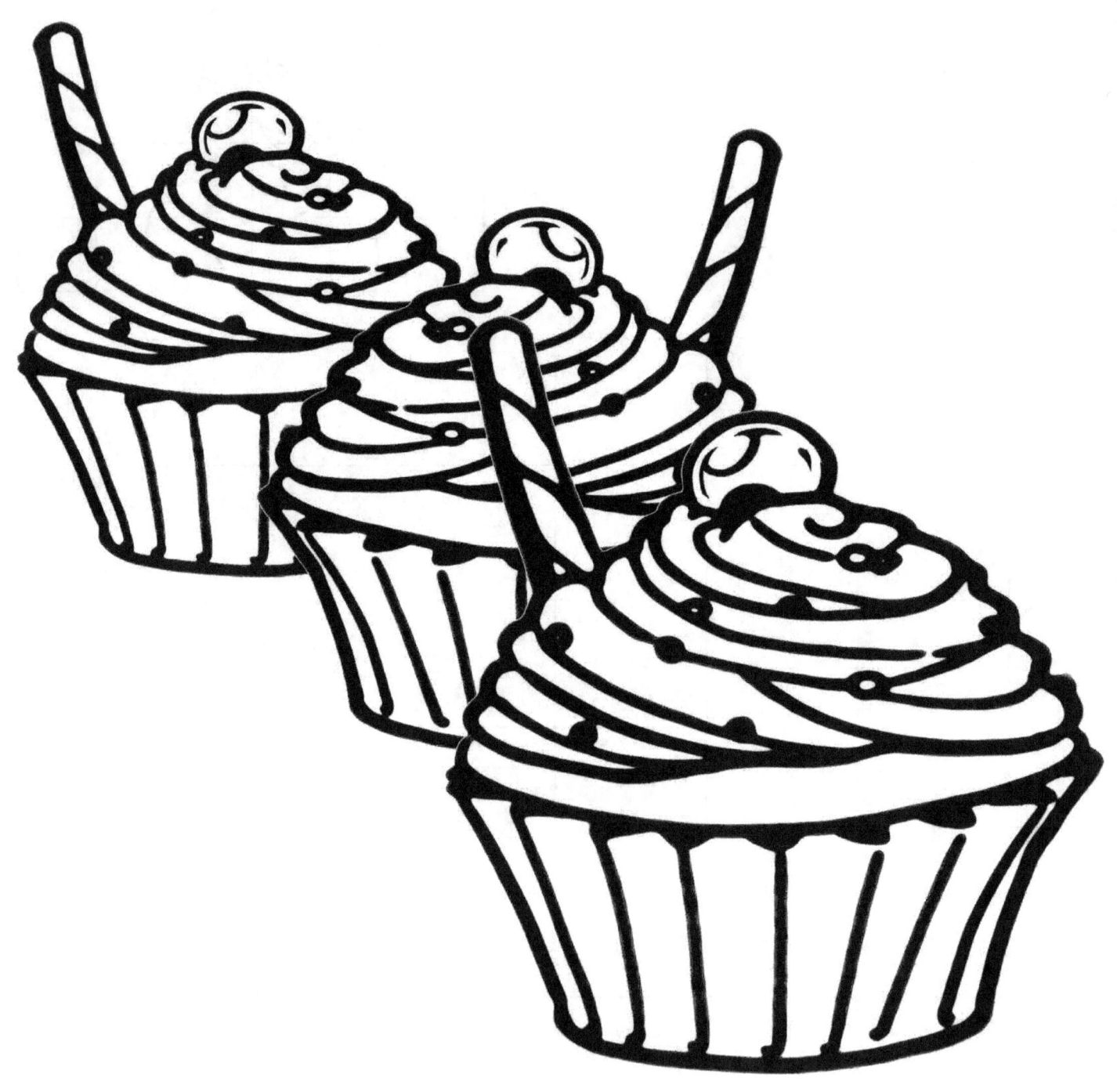

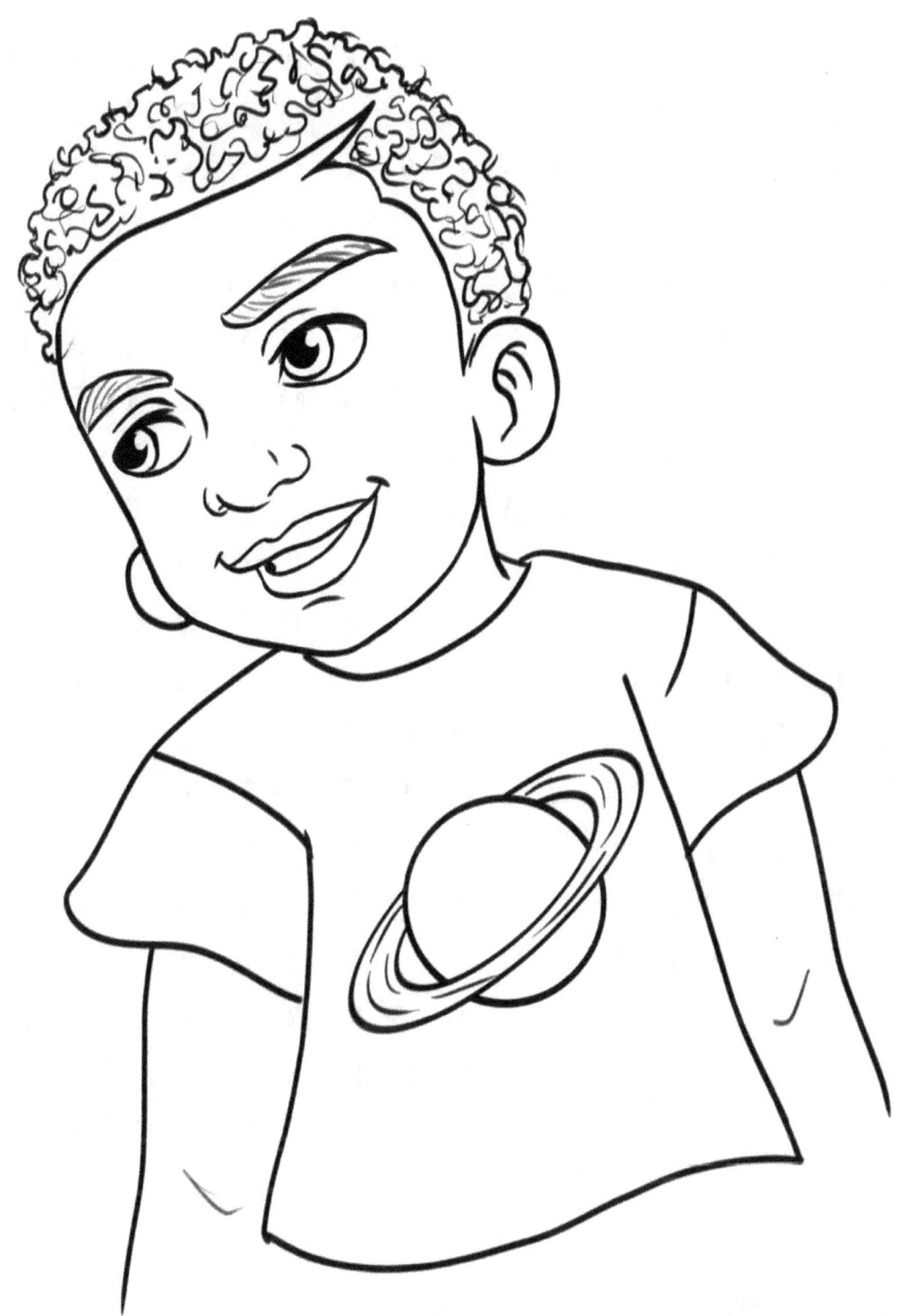

I Am Affectionate

```
D I U R Y U V U H G F P A R M E C N C D
D G F A C P G C Y G K P D K D I F R O E
P K I M S A F F E C T I O N S F Q R M V
C O N F I D E N T O V Y Y K R M R Y M Y
M F C S M B Z T C M O N G G C N W G U G
G E N T L E U K U P I M Y V V Y X C N M
X I C N U A Z U P A C W M J J T P O I Y
Y F R W B V W E Z S E X F T V H A N C T
Z Q F X M A Z L A S J W I R K O W S A G
L O V I N G D E E I B L R C B U W I T F
N Z C Y G T V R C O U O E O D G O D E R
F L E K O S L R T N C K G N L H Z E H I
S E Y B E J L C Q A L X A N V T Y R A E
C S E M P A T H E T I C R E T F Q A P N
A F E E L I N G S E H M D C N U N T P D
R S P K L H G L E A Q F X T A L D E Y S
I H E L P F U L H E A L T H Y P I I A H
N R K E F O B Q J N K K R R Y X V K S I
G M L T U K I N D O A B X Y I J O L L P
L P W V N F H T N P S J Q H G F X R Q T
```

Find Words:

LOVING	AFFECTION	FUN	FRIENDSHIP	CARING
GENTLE	HELPFUL	THOUGHTFUL	KIND	CONSIDERATE
HAPPY	COMPASSIONATE	FEELINGS	EMPATHETIC	REGARD
CONFIDENT	HEALTHY	COMMUNICATE	VOICE	CONNECT

LET'S DRAW

Use the grid as a guide to help you draw the picture.

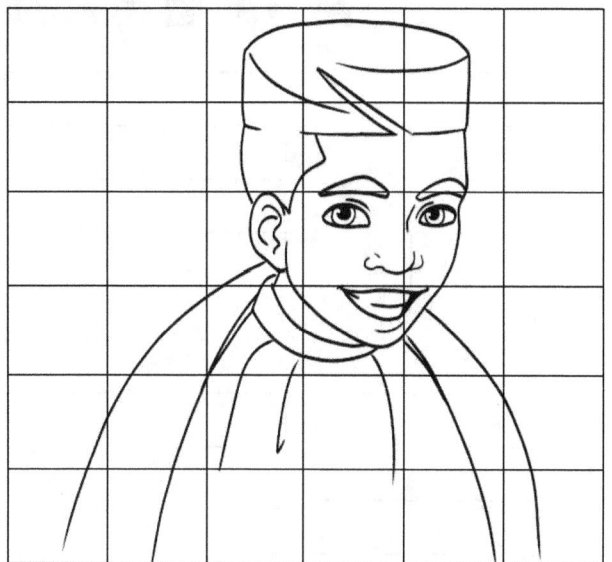

MAZE TIME

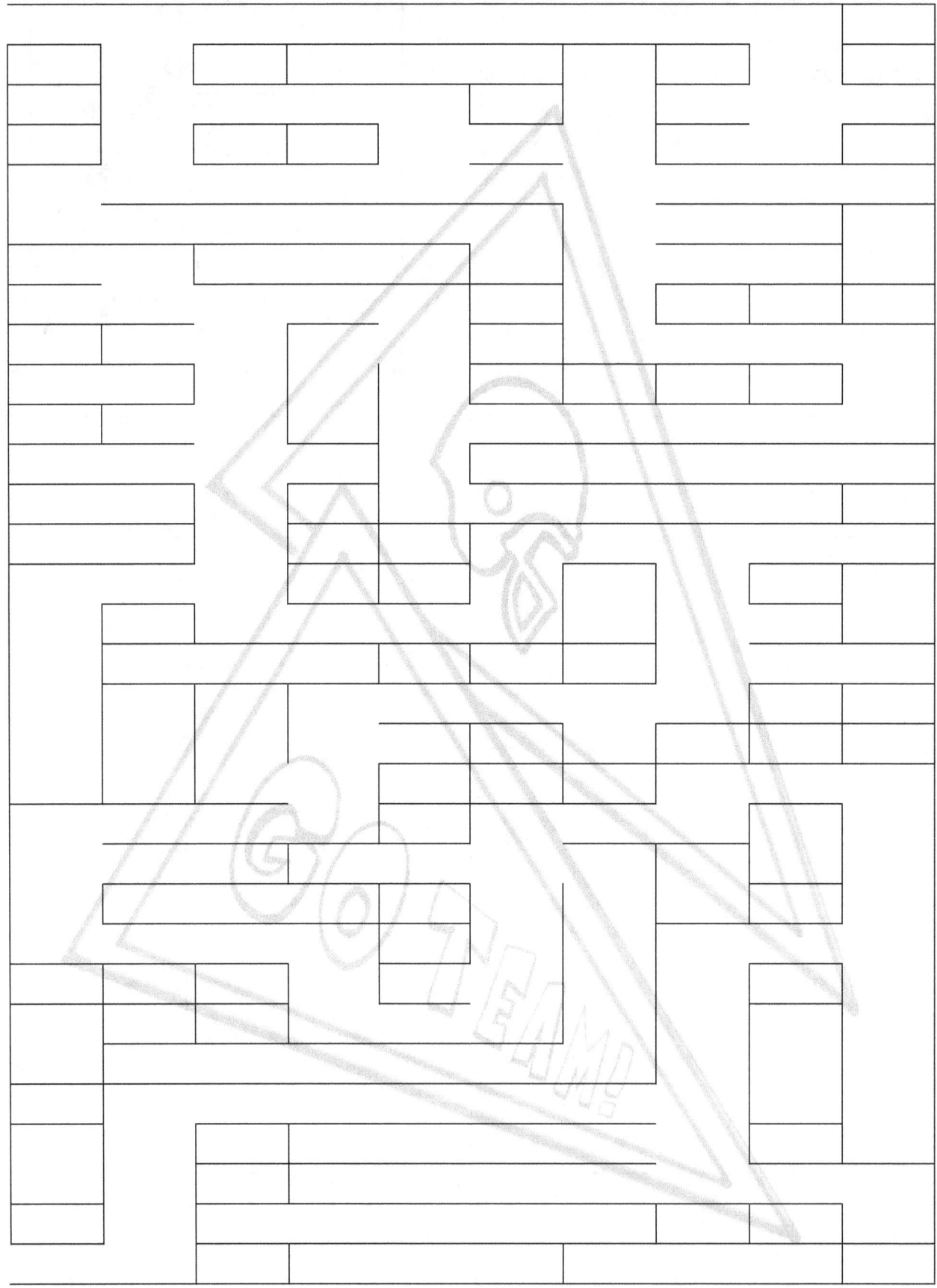

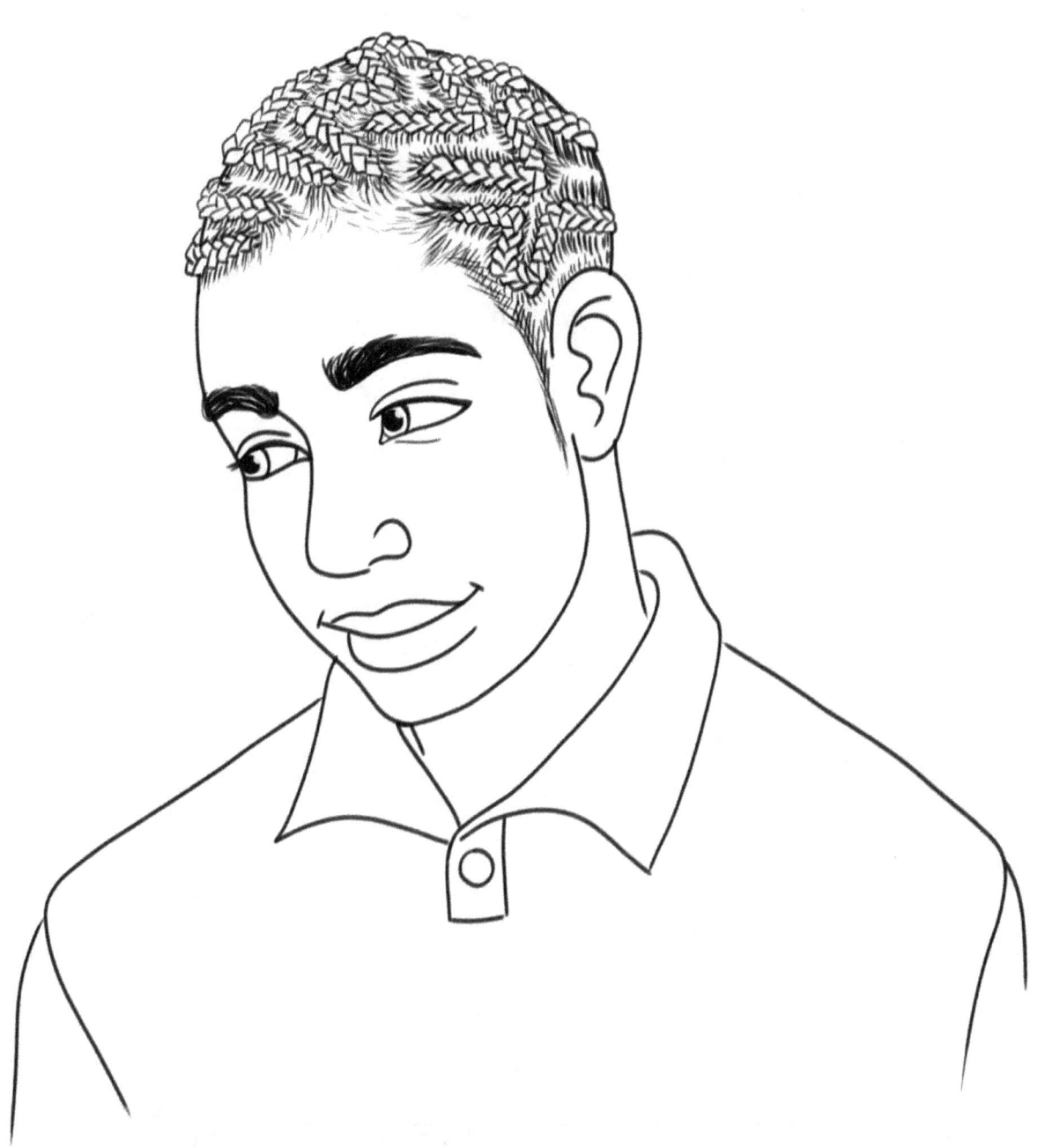

DECODING

REVEAL THE CODE BY USING THE DECODER KEY.

____ ____ ____
20   19   8

____ ____ ____ ____ ____ ____ ____ ____
12 7 20 23 25 20 18 9

____ ____   ____ ____ ____ ____
8 17   23 20 3 22

____ ____   ____ ____ ____ ____
21 18   23 21 2 22

W	V	F	S	T	C	U	M	G	P	R	B	J
1	2	3	4	5	6	7	8	9	10	11	12	13

Z	Q	H	Y	N	A	I	O	E	L	X	D	K
14	15	16	17	18	19	20	21	22	23	24	25	26

LET'S DRAW

Use the grid as a guide to help you draw the picture.

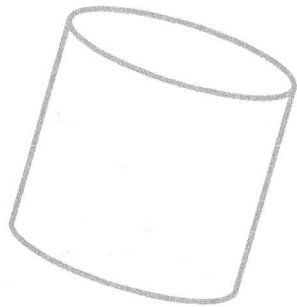

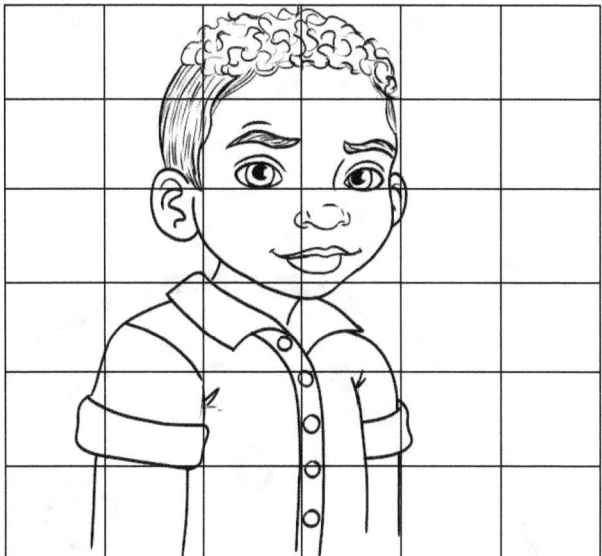

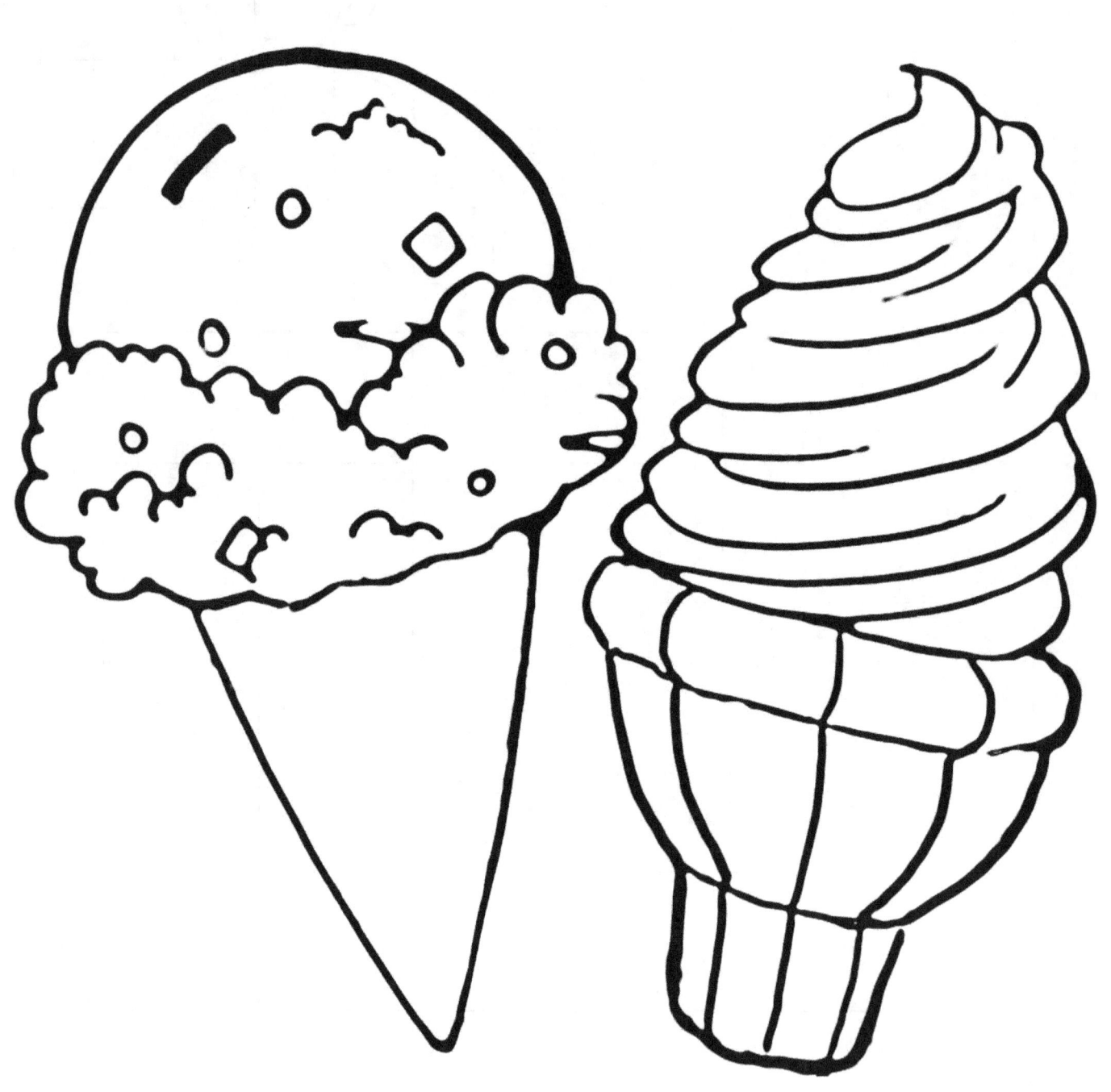

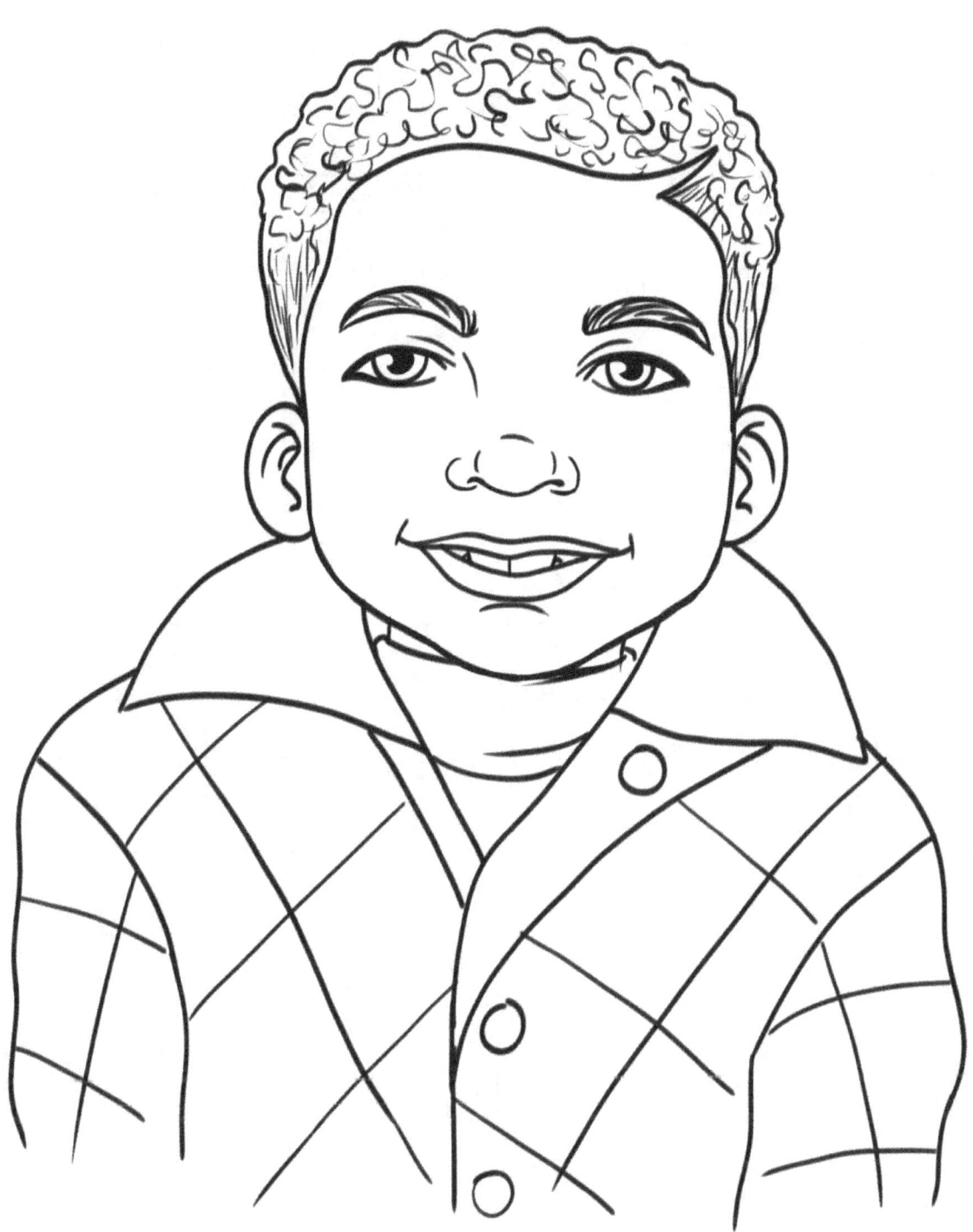

Gratitude is the best Attitude

DanaClarkColors.com would like for you to always keep THANK YOU cards.

THANK YOU

_____

_____

_____

_____

THANK YOU

_____

_____

_____

_____

THANK YOU

_____

_____

_____

_____

THANK YOU

_____

_____

_____

_____

LET'S DRAW

Use the grid as a guide to help you draw the picture.

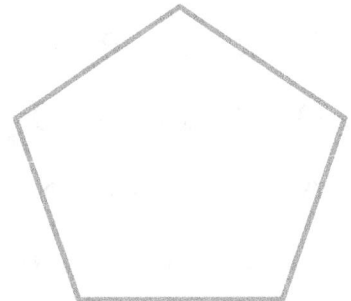

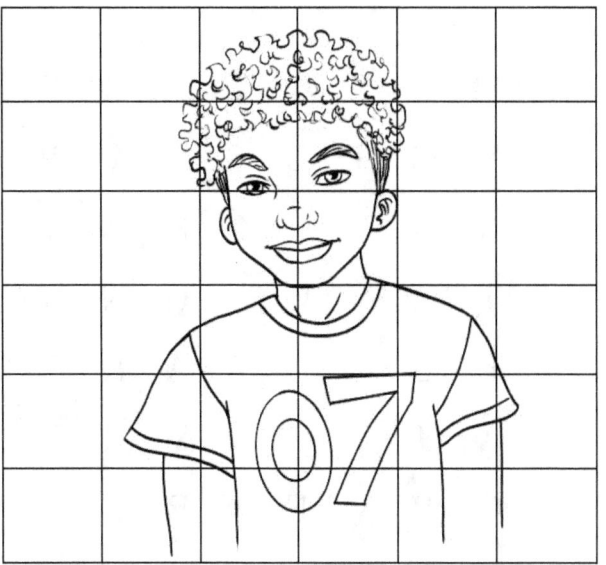

MY CAREER IS MY CALLING

```
M  U  S  I  C  P  R  O  D  U  C  E  R  C  O  P  L  Y  M  U
Y  O  J  D  S  K  V  P  V  F  K  B  E  G  N  V  U  N  O  V
X  S  L  E  X  K  Z  V  F  Z  D  N  E  J  C  Q  V  Y  V  P
T  X  Y  W  L  U  N  K  U  W  Y  A  P  R  O  P  M  U  I  F
E  L  I  B  R  A  R  I  A  N  Y  Z  O  B  L  B  Q  U  E  H
A  J  Y  P  V  V  R  X  H  D  L  R  A  U  O  I  K  J  D  L
C  P  V  E  V  B  G  A  O  T  G  B  E  C  G  O  N  C  I  D
H  H  B  R  F  G  X  A  V  E  L  N  G  S  I  L  U  Q  R  B
E  F  K  N  D  H  Q  S  B  A  Y  U  G  O  S  O  R  J  E  K
R  A  S  X  P  T  P  H  W  D  K  L  L  W  T  G  S  O  C  U
F  S  F  P  H  O  T  O  G  R  A  P  H  E  R  I  E  P  T  V
A  S  T  R  O  P  H  Y  S  I  C  I  S  T  M  S  J  T  O  Z
A  R  C  H  A  E  O  L  O  G  I  S  T  W  M  T  P  O  R  W
H  K  Q  Y  O  O  W  K  C  Z  L  L  F  A  U  F  Q  M  D  R
G  M  A  R  I  N  E  B  I  O  L  O  G  I  S  T  E  E  M  I
B  O  T  A  N  I  S  T  A  X  D  E  N  T  I  S  T  T  V  T
G  C  V  I  Y  P  R  E  S  I  D  E  N  T  C  M  B  R  F  E
F  O  R  E  N  S  I  C  S  C  I  E  N  T  I  S  T  I  Z  R
G  R  A  P  H  I  C  A  R  T  I  S  T  K  A  M  O  S  T  R
X  I  E  N  G  I  N  E  E  R  E  U  F  U  N  N  I  T  P  A
```

Find Words:

Graphic Artist	Botanist	Oncologist	Librarian
Musician	Biologist	Dentist	Archaeologist
Photographer	Teacher	Optometrist	President
Forensic Scientist	Nurse	Movie Director	Marine Biologist
Astrophysicist	Engineer	Music Producer	Writer

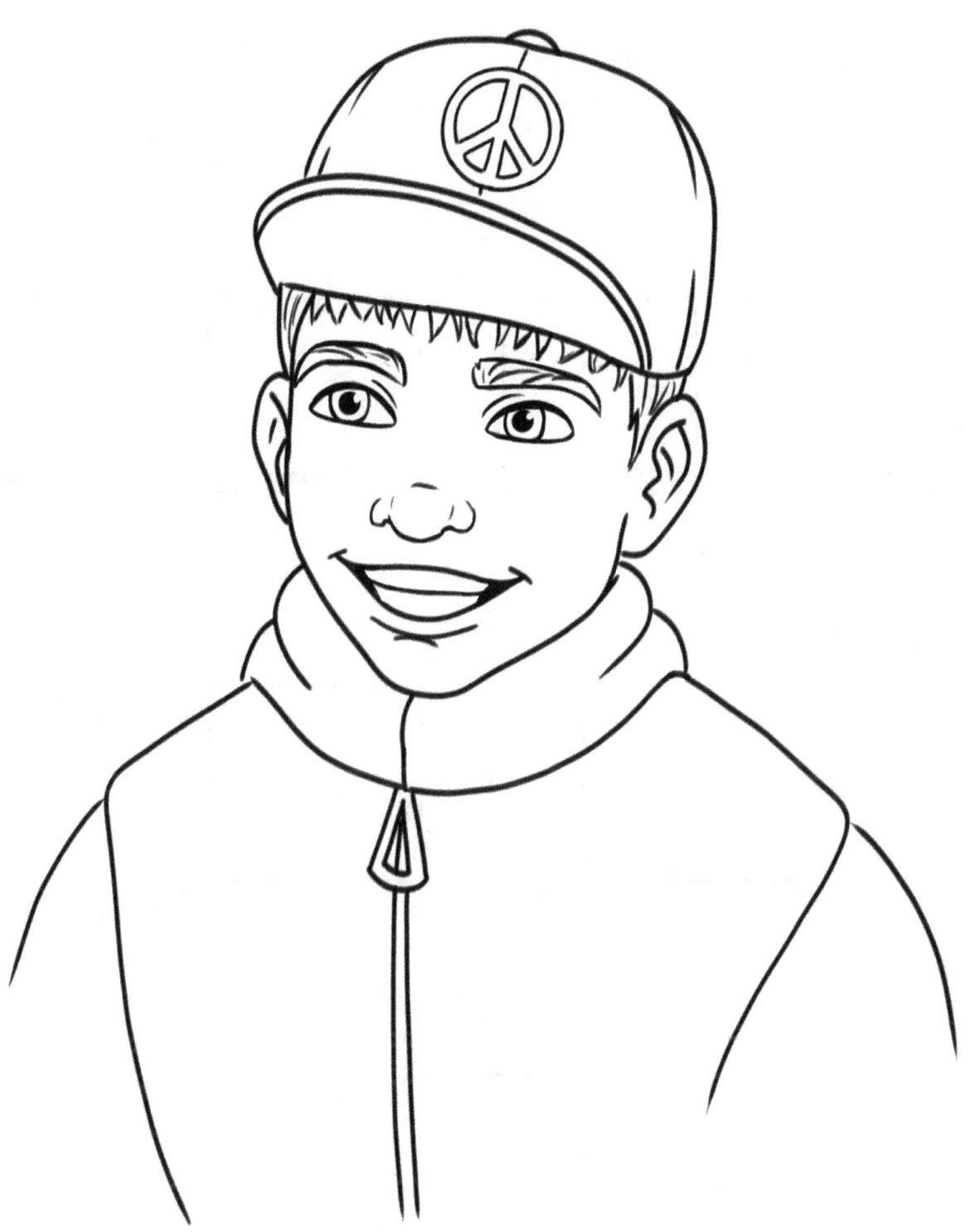

Family Tree

Identify your family in the Family Tree.

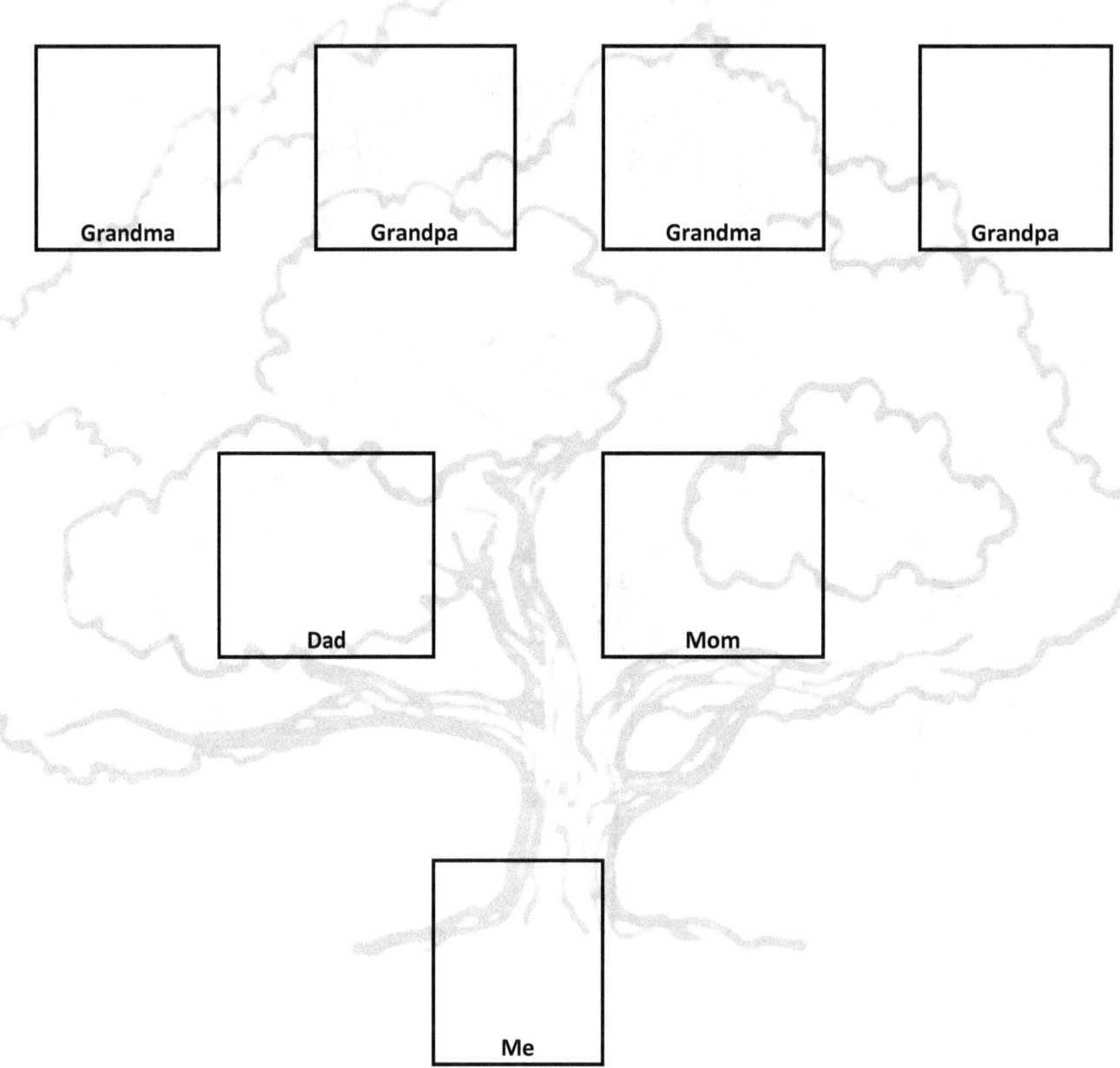

Grandma

Grandpa

Grandma

Grandpa

Dad

Mom

Me

MAZE TIME

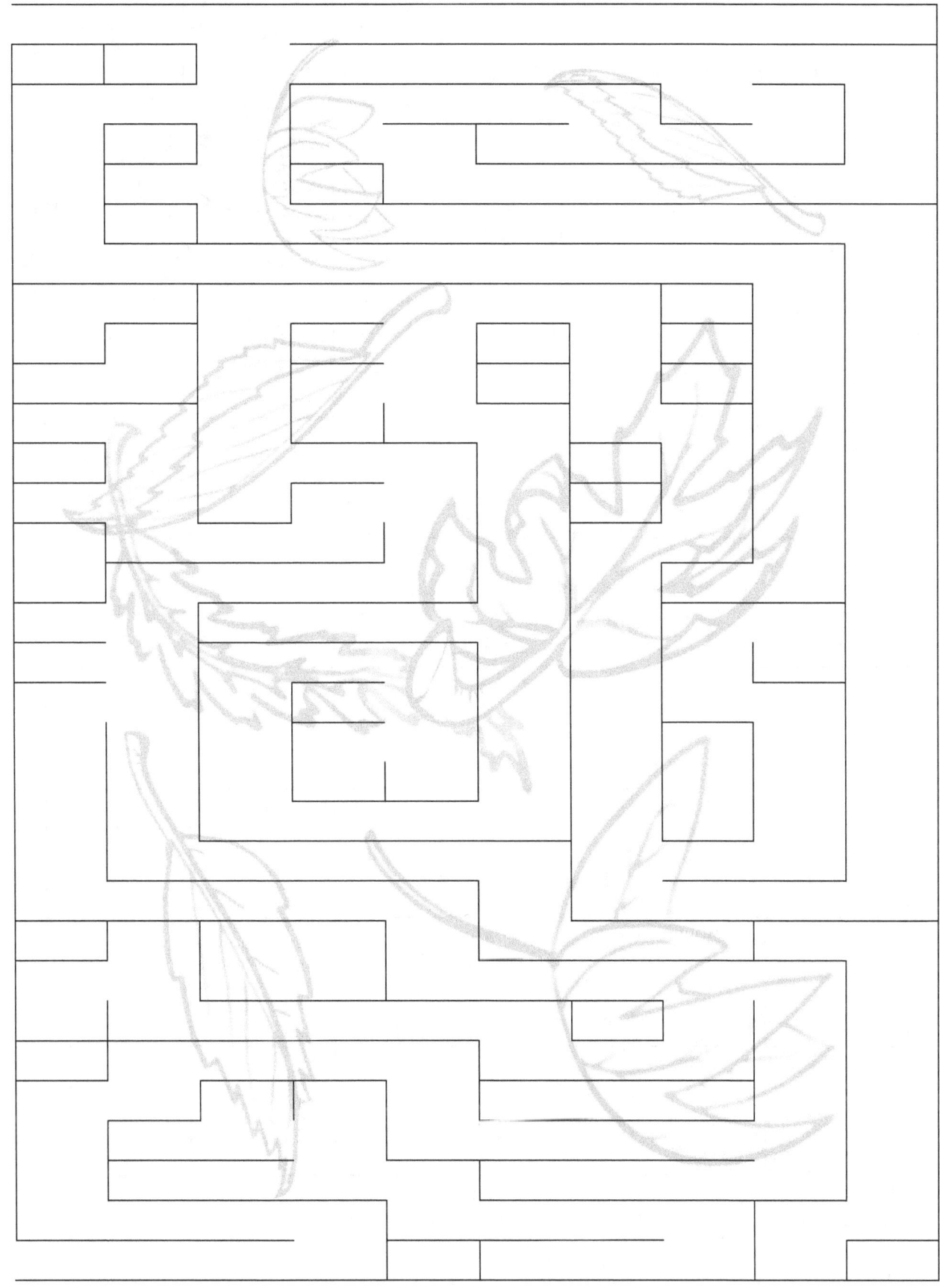

LET'S DRAW

Use the grid as a guide to help you draw the picture.

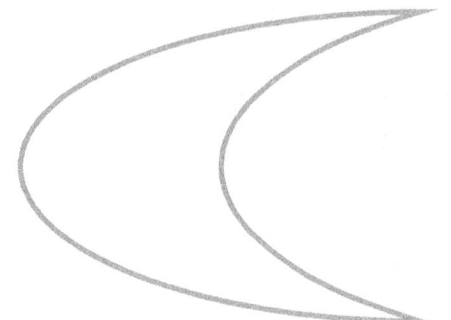

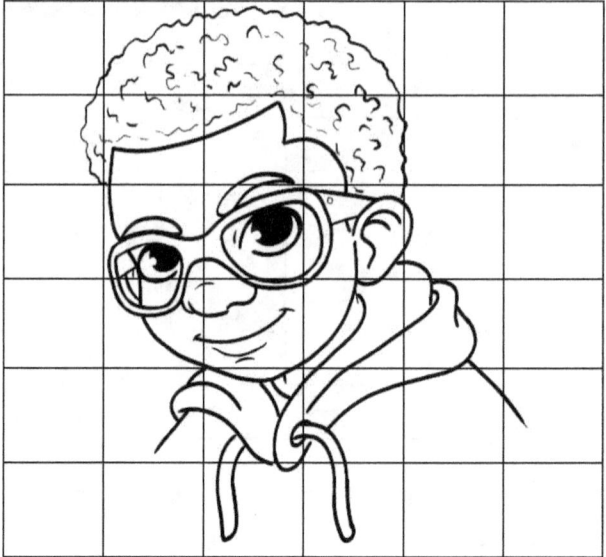

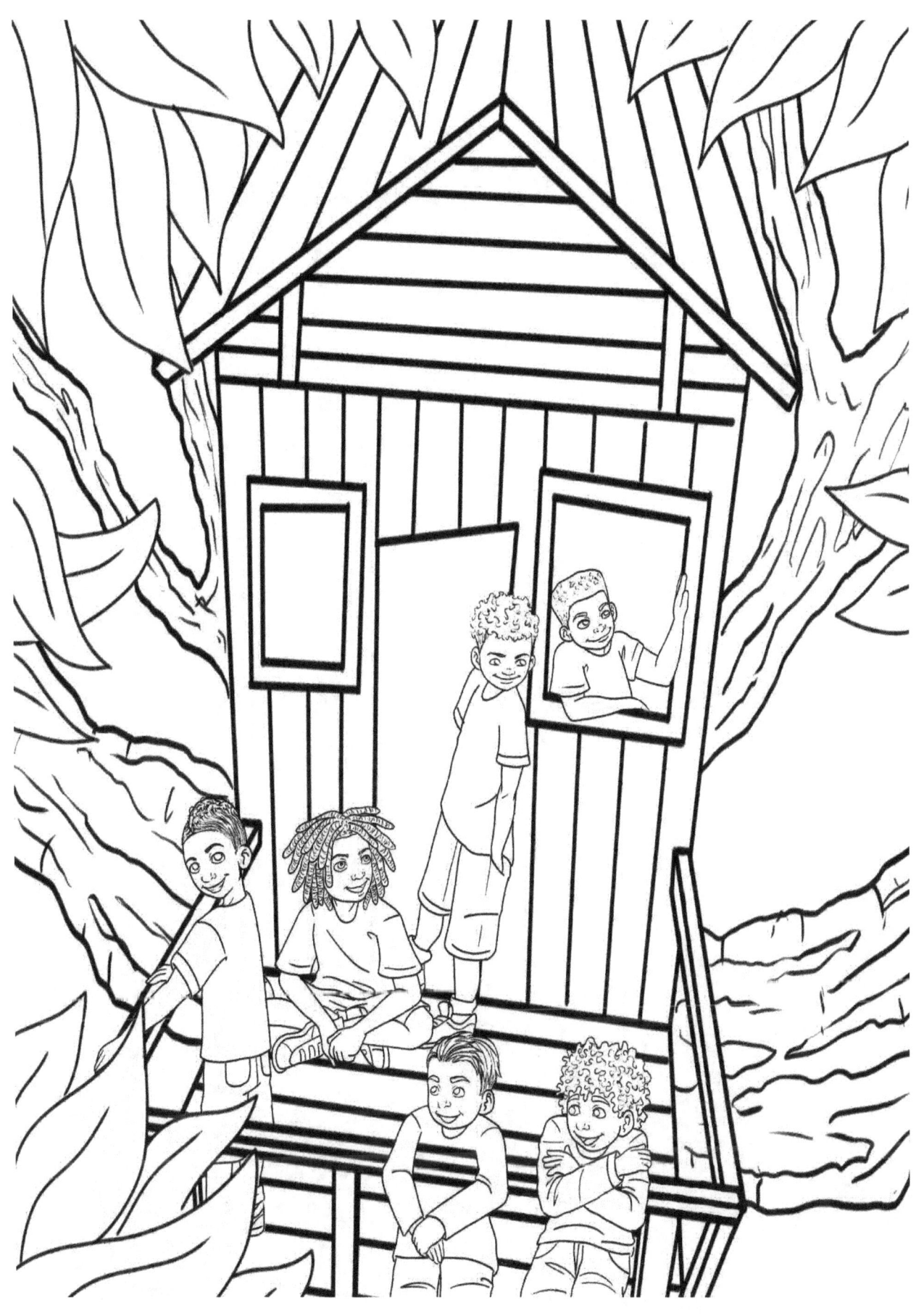

Artists:

Shakira Rivers

Chaka Laker-Ojok

J. D. Wright

Contributors:

Stephanie R. Spriggs

Billy D. Wright

Toni L. Wright

Creator:

J. D. Wright

www.ingramcontent.com/pod-product-compliance
Lightning Source LLC
Chambersburg PA
CBHW080935170526
45158CB00008B/2295